SCHWEDISCHE TRADITIONEN

Jan-Öjvind Swahn

SCHWEDISCHE TRADITIONEN

Aus dem Schwedischen von Ingrid Bohn

ORDALAGET BOKFÖRLAG

BILDRECHERCHE, TYPOGRAPHIE UND
GRAFISCHES DESIGN: Helena Jansson Icardo, Margot Henrikson, Mattias Henrikson
REDAKTION: Anna Nolgren
UMSCHLAG DESIGN: Elena Lombardi

Ordalaget Bokförlag AB
Box 17018
167 17 Bromma
Schweden
bok@ordalaget.se

Besuchen Sie unsere Website: www.ordalaget.se

ABBILDUNGEN: **Mattias Henrikson** Seite 14, 23, 27, 62, 64, 65, 70, 80–81, 84–85, 86, 87, 106, 120, 140–141, 143; **Scanpix** Seite 48 (Lars Ottosson), 61 (Henrik Montgomery), 74 (Leif Jacobsson), 88 (Gunnar Lundmark), 150 (Janerik Henriksson); **Ulrika Pousette** Seite 108, 114, 126–127, 138; **Majblommans Riksförbund** Seite 44–45; **Nordiska museet** Seite 38, 58; **Nationalmuseum** Seite 67, 76–77; Bertil Lybeck/**BUS** 2012 Seite 95; **Helena Jansson Icardo** Seite 109; **Carl Larsson-gården**, Sundborn Seite 116; Jenny Nyström/**BUS** 2012 Seite 122–123.

© Ordalaget Bokförlag; Schwedischer Text: Jan-Öjvid Swahn; Deutsche Übersetzung: Ingrid Bohn 2014
Druck: Livonia Print, Lettland, 2016
ISBN: 978-91-7469-071-2

Inhalt

EINLEITUNG 6
FASTNACHTSEMMEL 8
WAFFELTAG 12
ERSTER APRIL 14
PALMSONNTAG UND OSTERWOCHE 19
OSTERN 20
WALPURGISNACHT 30
ERSTER MAI 38
CHRISTI HIMMELFAHRT 46
PFINGSTEN 49
MUTTERTAG 54
SCHWEDENS NATIONALFEIERTAG 58
MITTSOMMER 62
KREBSESSEN 74
GEGORENE-STRÖMLINGE-TAG 82
ST. MICHAELS-TAG – ERNTEZEIT 86
ALLERHEILIGEN UND ALLERSEELEN 88
VATERTAG 92
MARTINSTAG 94
ADVENT 98
REZEPTE 108
LUCIA 112
WEIHNACHTEN 116
REZEPTE 130
NEUJAHR 138
EPIPHANIAS ODER DIE HEILIGEN DREI KÖNIGE 146
ST. KNUT-TAG 148
TAG ALLER HERZEN – VALENTINSTAG 152
NEUE SCHWEDEN – NEUE FESTE 156

Einleitung

Wenn man darüber spricht, wie Menschen früher lebten, zeichnet man das Bild der Verhältnisse recht oft in düsteren Farben. Gewiss, viele lebten in Schmutz und Armut und manch anderem Elend (doch die Randgruppen der heutigen Zeit haben es auch nicht sehr gemütlich, ganz bestimmt nicht). Wenn dann jemand diesem Elend noch den absoluten Mangel unserer Vorväter an freier Zeit oder freien Tagen hinzufügen will, kann ich mich nicht enthalten, dieses Zerrbild der Vergangenheit zurechtzurücken. Die Wahrheit ist nämlich, dass die Menschen früher genauso viele Freizeiten hatten wie wir, auch wenn es nur eine Woche war, die als gesetzlich festgelegter Urlaub bezeichnet werden konnte.

Kirchliche Feiertage und Arbeitsfeste

Mittsommer beschließt das Halbjahr, das vom Advent an überreichlich mit kirchlichen Festen ausgestattet ist. Das dann folgende Halbjahr ist dagegen arm an solchen Traditionen. Dies beruht sicher darauf, dass Sommer und Herbst in früheren Epochen mit schweren und langwierigen Arbeiten der sich selbst versorgenden Bauern angefüllt waren, die lange Zeit die Mehrheit der schwedischen Bevölkerung ausmachten: Heumahd und Ernte, Dreschen und Schlachten, Flachsgewinnung und Weben, Zubereitung von Butter und Käse, Brot und Bier. Man hatte einfach keine Zeit, Feste zu feiern. Das bedeutete aber nicht, dass Sommer und Herbst nicht auch Lichtblicke boten, doch waren diese nicht durch den Kalender des Kirchenjahres bedingt, sondern durch den des Arbeitsjahres: die Heuernte konnte wie die erste Getreidegrütze des Jahres mit fröhlichen Arbeitsfesten gefeiert werden (*slåttergille och skördegröt*), und das Käsemachen (*ystegille*) wurde ebenso zelebriert wie das Ausbringen des Mists (*dyngdans*).

Neue Feste und Brückentage

Die beiden erst in jüngerer Zeit neu geschaffenen „roten Tage" im schwedischen Kalender, der erste Mai und der Nationaltag, werden manchmal auch bürgerliche Feiertage" genannt, ein Begriff, der von anderen nicht-kirchlichen Phänomenen des Lebenslaufs beeinflusst wurde: bürgerliche Konfirmation, bürgerliche Hochzeit und bürgerliche Beerdigung. Es hat sich gezeigt, dass es schwierig ist, für diese Tage allgemeinere, umfassende Festbräuche zu kreieren. Als der Nationaltag noch ein gewöhnlicher Arbeitstag war, konnte er bei weitem nicht dieselbe Leuchtkraft wie der norwegische Nationaltag am 17. Mai erlangen. Der erste Mai dagegen hat als „bürgerlicher Festtag" mittelalterliche Ahnen – die heutigen immer kleiner werdenden Demonstrationszüge kommen nicht vor Ende des 19. Jahrhunderts ins Bild.

Den populären Ausdruck „Brückentag" (*klämdag*) findet man im Wörterbuch der Schwedischen Akademie (Svenska Akademiens Ordbok) vergeblich, weil der K-Band bereits kurz vor dem Zweiten Weltkrieg herauskam. Heute weiß jedoch jeder, worauf sich der Begriff, der Anfang der 1960er-Jahre etabliert wurde, bezieht. Brückentage werden mit solchen Feiertagen kombiniert, die nicht am Wochenende liegen. Ostern und Pfingsten ermöglichen keine Brückentage, während der Himmelfahrtstag am Donnerstag immer einen bietet und damit eine herrliche Frühlingsfreizeit, die manch einer schon Mittwochmittag einleitet. Zu Weihnachten lassen sich (aus der Perspektive der Berufstätigen) so viele Brückentage einbauen, dass sich unter Aufopferung einzelner Urlaubstage mehrere Wochen Arbeitsfreiheit gewinnen lassen.

Fastnachtsemmel

Fastnachtsemmel

Fettisdagen

Während eines Besuchs in Visby auf Gotland traf ich einen Konditor, der äußerst bestimmt behauptete, dass in dieser Stadt die mit Sahne gefüllte „Semmel" (schwed. *semla*) das Licht der Welt erblickte. Ihr Erfinder, Bäckermeister Henrik Reinhold Pettersson, sei dadurch angeregt worden, dass Schlagsahne am Ende des Ersten Weltkriegs wieder zu haben war und die sich nach ihr sehnenden Menschen jetzt wieder genug davon bekommen konnten. Die Semla-Saison hält sich dennoch streng an die Fastenwochen. Ich kann nicht für den Wahrheitsgehalt dieser Erklärung garantieren, doch bis auf weiteres mag sie genügen.

Ein Dienstag zwischen dem 3. Februar und dem 9. März

Geliebte Kinder haben viele Namen

Die schwedische Fastnachtsemmel, das geliebte Kind, hat wirklich viele Namen: *fastlagsbulle* (fastlag bedeutet Fastenzeit), *fettisdagsbulle* (fettisdagen ist der Fastnachtsdienstag), *semla* oder *hetvägg*. Die älteste Bezeichnung ist „hetvägg" (in Schweden erstmals 1689 erwähnt), was eine Übersetzung des deutschen Begriffs „heiße Wecken" darstellt. „Semla" ist der in Stockholm und Umgebung seit langem gebräuchliche Name, der wie „hetvägg" aus dem Niederdeutschen entlehnt wurde. Hier bedeutet das Wort „Brot aus feingesiebtem Mehl". Unge-

Die schwedische Semmel, ein „warmes Plundergebäck mit Sahne und Milch", hatte ihren Durchbruch in der Mitte des 20. Jahrhunderts.

Fastnachtsemmel

achtet des Namens waren Fastnachtsemmeln hauptsächlich ein Genuss für Stadtbewohner und vor allem das Bürgertum. In Stockholm konnte man sie fertig gebacken schon vor 200 Jahren in den Bäckereien kaufen, aber lange Zeit wurden sie zu Hause zubereitet. Weil die gemeinsame Reklame der Bäckereien und Konditoreien für dieses ökonomisch bedeutsame Produkt von der Königlichen Hauptstadt ausging, verwendete sie natürlich den Stockholmer Namen „semla", und es ist wohl nur eine Frage der Zeit, bis die anderen Bezeichnungen ganz verschwunden sind. Außerdem hat das Wort „semla" den Vorteil, dass es niemandem Anlass gibt, es mit dem Fasten zu verbinden, so dass man sie ohne rot zu werden bereits nach Epiphanias (*trettondagen*) am 6. Januar verkaufen kann (ich habe sie sogar schon vor Weihnachten in den Schaufenstern der Konditoreien gesehen!). Semla werden seit langem zubereitet, indem man das Backwerk aushöhlt, diese Krumen dann mit Sahne, Butter und Mandeln vermengt und wieder in die ausgehöhlte Semmel füllt. Vom 19. Jahrhundert an wurde die Prozedur ein wenig vereinfacht, indem man die Krumen durch Mandelmasse ersetzte.

Geschlagene Sahne ist die neueste Zutat der modernen Semmel und kreiert den kalorienreichen Gebäcktyp. Er wurde schließlich der vorherrschende und so verschwand der Brauch, die Semmeln mit warmer Milch und Zimt zu essen – Milch passt nun einmal nicht so gut zu Schlagsahne. Jetzt ist die Semmel meist als ein saisonweise auftretendes Backwerk für Kaffeestunden und Mittagspausen zu betrachten.

Flirtsemmel

Zur Vorgeschichte der Fastnachtsemmeln gehört auch, dass sie in Südschweden in ein besonderes System des Flirtens eingebunden waren. Bei den Fastengilden, die in den Dörfern üblich waren, gaben die Knechte den Mägden Fastnachtsemmeln – im 19. Jahrhundert waren dies meist mit Safran gewürzte Weizensemmeln, die auch Rosinen enthielten. Das damit beschenkte Mädchen quittierte die Gabe dem Donator später

Fastnachtsemmel

mit einigen Ostereiern. So webten die Semmeln nicht selten das Band der Ehe.

Einmal trug der Brauch mit diesen fetttropfenden „heißen Wecken" zum plötzlichen Hinscheiden eines schwedischen Königs bei. Dies war Adolf Fredrik, der Vater Gustavs III., dessen letzte Mahlzeit am Fastnachtsdienstag des Jahres 1771 aus „heißen Wecken, Sauerkraut, Fleisch mit Rüben, Hummer, Kaviar und Champagner" bestand. So verzeichnet es J.G. Oxenstiernas Tagebuch. Kurz nachdem er dieses merkwürdige Menü verzehrt hatte, starb der König an Übersättigung. „Ein Priestertod" fand man am Hofe, aber es gibt schlimmere Varianten.

Die Semmel gab es in Schweden bereits im 13. Jahrhundert – aber ohne Sahne. So konnte sie am Morgen des Fastnachtsdienstags vor ungefähr 100 Jahren ausgesehen haben. Das Bild stammt von Elsa Beskow, einer der beliebtesten schwedischen Kinderbuchillustratorinnen.

Waffeltag

Waffeltag

Våffeldagen

Mariä Verkündigung (*Marie bebådelsedag*, traditionell *Vårfrudag*) ist ein christlicher Feiertag, der neun Monate vor Weihnachten begangen wird. Als Einleitung des Frühlings oder sogar des Sommers ist er in Südschweden beheimatet. Die Bezeichnung „Tag unserer Frau" (*Vårfrudag*) ließ sich vielerorts mit Frühling assoziieren (vår =*Frühling*, aber ebenso poss.pron. *unser*) und Witterungsmerkmale an diesem Tag gaben Hinweise, wie lange es noch bis zum Frühling dauern würde. Es war ein gutes Zeichen, wenn die Kinder rund ums Haus gehen konnten, ohne in Schnee zu treten.

Doch wussten Sie, dass Mariä Verkündigung in vielen Ländern – sporadisch auch in Skandinavien – zumindest im Mittelalter als Neujahrstag betrachtet wurde? In England war dies bis 1752 der Fall.

Vårfrudag ist in vielen mittelschwedischen Dialekten undeutlich oder falsch ausgesprochen worden und in den Teilen des Landes, wo die Konsonanten l und r mit einem retroflexen Flap gebildet werden, wurde es zunächst zu *Vafferdag* und schließlich zu *Vaffeldag*. Vaffel wiederum ist eine ältere Form von *våffla* (Waffel) und so kam es zur entsprechenden Assoziation des Wortes mit diesem Eierteiggebäck. 🐴

25. März

„Knusprige Waffeln mit Mamas Waffeleisen von Husqvarna". Reklame der 1940er-Jahre.

Erster April

Erster April

Första april

In Deutschland hat man sich seit dem 16. Jahrhundert gegenseitig Streiche gespielt und der Aprilscherz war früher in allen Ständen sehr beliebt. Doch gab es diesen Brauch auch unter anderem in England und Frankreich, Portugal und Spanien. Außerhalb Europas finden wir bei den alten Persern zwar keinen April, doch man spielte sich Streiche ungefähr zum selben Datum wie wir. Irgendwie muss es in dieser Jahreszeit in der Luft gelegen haben. Gleiches taten nämlich auch Inder.

Es gibt zahlreiche Vorschläge, welche historischen Ereignisse die Ursache für das Aufkommen dieses Brauches gewesen sein könnten, doch sie sind alle nicht überzeugend. Faktum ist, dass wir seinen Ursprung nicht kennen und wohl auch niemals erfahren werden.

Wie der Aprilscherz im Norden aufkam

Die Aprilflunkereien tauchten erstmals in den 1670er-Jahren in Schweden auf. 1742 dann wurde der erste in seiner Ausformung bekannte schwedische Aprilscherz in Szene gesetzt – ein Spaßmacher heftete einen Zettel an die Kirchentür in Hällstadt in Västergötland, auf dem mitgeteilt wurde, dass die nächste Hochmesse eine Stunde später als gewöhnlich abgehalten werde – daraufhin „entstand keine geringe Verärgerung

Wie ein Aprilscherz leuchtet die erste Blüte des Huflattichs im April.

Erster April

bei einem Teil der Bewohner des Kirchspiels, die solchermaßen genarrt wurden", heißt es etwas säuerlich in einem Protokoll der Gemeindeversammlung.

April, April, neckt wen er will

Aber es hat auch eine volkstümlichere Parallele gegeben, die jedoch nicht an einen bestimmten Kalendertag geknüpft war, sondern etwa an den Abschluss einer langwierigen Arbeit auf dem Hof oder mit einem speziellen pädagogischen Hintergrund. War man zum Beispiel gerade mit dem Düngen der Felder fertig geworden, konnte man den neuangestellten Knecht losschicken, die Mistbiegezange für die Feinarbeit zu holen.

Als kleiner Junge verbrachte ich die Sommer auf einer Schäreninsel, und eines Tages erfuhr ich, dass auf dem Nachbarhof ein Schwein geschlachtet werden sollte. Ich hatte noch niemals jemanden sterben sehen, am allerwenigsten ein Schwein, und so rannte ich hin, um zuzuschauen. Gerade als sie das Schlachtopfer herbeiführten, das wie ein Schwein schrie, welches wusste, seine Tage seien gezählt, wandte sich der Bauer an seine Frau und fragte: „Wo ist der Rumpelzieher?". Sie antwortete: „Ach herrje, den habe ich Nilssons geliehen." Jetzt sahen mich alle an und jemand sagte: „Hör mal, lauf schnell zu Nilssons und bitte sie, den Rumpelzieher zurückzugeben, wir können sonst nicht schlachten!". Ich lief los, glücklich, beim Hinscheiden des Schweins eine Rolle zu spielen, auch waren Nilssons mit allem einverstanden, doch leider hatten sie ihrerseits den Rumpelzieher an Karlssons ausgeliehen. Und so lief ich von Hof zu Hof, bis mir schließlich klar wurde: Der Rumpelzieher war reine Fiktion. Als ich schließlich missgelaunt zum Stall zurückkehrte, war das Schwein bereits tot und zerlegt.

Es waren solche volkstümlichen Scherze, die die feinere Gesellschaft einmal vor langer Zeit mit dem ersten April verband. Eben dieses Modell ist Standard geworden: jemanden mit einem Auftrag loszuschicken, bis dieser irgendwann feststellt, dass man ihn genarrt und ohne Grund weggeschickt hat. Dies

Erster April

gilt für den Kontinent ebenso wie für Skandinavien. Im letzten Jahrhundert begann auch die Tagespresse, Scherznachrichten zu produzieren. Doch warum vergleicht man den Genarrten mit einem Hering, „sill", wie es in dem klassischen Reim nach vollendeter Flunkerei heißt: „April, April, din dumma sill, dej kan jag lura vart jag vill!" (April, April, du dummer Hering, dich kann ich ärgern, wie ich will) ? Natürlich damit es sich reimt, wird der verständige Leser sogleich vermuten, aber so ist es nicht. Gerade der Hering hat den alten Ruf, nicht besonders helle zu sein, vielleicht, weil er sich so leicht fangen lässt.

> Die Zeitung Göteborgs-Posten wusste am 1. April 1950 mitzuteilen, dass Öland sich aus seiner Verankerung gerissen habe und nun auf dem Weg sei, ein Teil Smålands zu werden.

Palmsonntag und Osterwoche

Palmsöndagen och påskveckan

Der letzte Sonntag vor Ostern, Palmsonntag, hat seinen Namen von den Palmenblättern, die das Volk auf Jesu Weg ausgebreitet hat, als er auf einem Esel in Jerusalem einzog, wie es das zwölfte Kapitel des Johannesevangeliums berichtet. In Jerusalem sollte Jesus einige Tage später getötet werden, um dann über den Tod zu triumphieren und am Ostertag aufzuerstehen. Schon seit langer Zeit spielen diese Palmblätter eine wichtige Rolle in der Vorbereitung und Einleitung der Osterfeiern. Doch nördlich der Alpen gibt es nicht allzu viele Palmen, so ist man dort gezwungen, auf Ersatz zurückzugreifen. In Deutschland verwendet man verschiedene immergrüne Gewächse wie zum Beispiel Efeu, aber auch Knospen von unterschiedlichen Weidenarten, etwa Korbweiden und Salweiden. Auch in Skandinavien stehen nur diese zur Verfügung.

Palmsonntag und Osterwoche

Magische Palmen verschiedenster Sorten

Besonders spektakulär gestaltete man die Scheinpalmen in Zentraleuropa, wo sie zu kleinen Maibäumchen heranwuchsen, mit Strohblumen, Papierblumen, bunten Seidenbändern und – sofern vorhanden – ersten Frühlingsblüten und Blumenkränzen. Man brachte sie mit in die Kirche, wo sie vom Pfarrer geweiht wurden, und so hatte man die sogenannten Palmenbäumchen während der Messe neben sich auf der Kirchenbank.

Es ist sicher, dass dieser Brauch während des Mittelalters auch in Schweden vorkam. Es kann sogar sein, dass die farbenfrohen Oster- oder Birkenzweige mit Federschmuck (siehe das Kapitel über Ostern) mit diesen kontinentalen Prachtpalmen verwandt sind. In älterer Zeit waren es oft bemalte, ausgeblasene Eier, die man an die Osterzweige hing. Der Umstand, dass die geschmückten Zweige zuerst in der Region um Stockholm auftauchten, kann ein Indiz dafür sein, dass sie von Anfang an Ersatz für die prunkvollen Scheinpalmen waren, die die zahlreichen Deutschen in der schwedischen Hauptstadt von zu Hause gewohnt waren.

Ostern

Ostern

Påsk

Ostern ist ein Fest, welches Christentum und Judentum am augenfälligsten verbindet. Osterns Tragödie ist so sehr mit der jüdischen Kultur verknüpft, dass es bis heute dem jüdischen Mondkalender folgt, wonach die Kreuzigung um das Jahr 33 auf das jährliche Passah- oder Pesachfest in Jerusalem fiel. Das schwedische Wort „påsk" für Ostern ist eine Version des hebräischen „Pesach", das wiederum der urhebräische Name eines Hirtenfestes und seines Hauptgerichtes ist: des Pesachlamms.

Früher Askese, heute Vergnügen

Für die meisten Schweden, deren religiöses Interesse eher schwach ausgeprägt ist, bedeutet Ostern vor allem vier Tage arbeitsfrei. Zumindest in Süd- und Mittelschweden können diese freien Tage für die ersten Arbeiten im Garten, die Wartung der Segelboote nach der Winterpause oder für den ersten Besuch des Jahres im Sommerhaus genutzt werden. Doch die Ostertage sind bewegliche Feiertage, und fallen sie bereits in den März, bieten sie in den nördlichen Landesteilen eher Gelegenheit zum Wintersport als für Arbeiten im Freien. Nicht zuletzt haben die Gärtnermeister Probleme mit dem wechselnden Standort des Osterfestes im Kalender. Denn sie müssen in der Woche vor Ostern unzählige gelbe Narzissen heranziehen, die den üblichen häuslichen Osterschmuck darstellen. Gelb ist

Gelb wie die Narzissen auf diesem Bild ist als Farbe des Osterfestes bekannt. Dies geht zurück auf die Bedeutung, die Eier und Hühner für Ostern haben. Wenn die Fastenzeit zu Ostern endlich vorüber war, mussten alle eingelagerten Eier aufgegessen werden.

Ostern

bekanntlich die Farbe des Osterfestes, was zurückgeht auf die Rolle, die Küken und Eier in diesem Zusammenhang spielen – doch ist Gelb nicht die liturgische Osterfarbe der Kirche.

Die erste Generation lutherischer Pfarrer war bemüht, ihre Gemeindeglieder von den verschiedenen Gewohnheiten katholischer Tradition abzubringen. Dazu gehörte unter anderem das Fasten. Manch einer hätte seinen religiösen Eifer gern dadurch bewiesen, dass er während des Osterfastens möglichst viel Fleisch aß. Doch das Pendel schlug zurück, und in den meisten Familien war der Karfreitag über Generationen von Askese geprägt. Oft aß man gesalzene Gerichte wie Salzhering oder Klippfisch, gesalzenen Käse oder geschmacksarmen Mehlbrei. Den Durst, der sich daraufhin einstellte, wollte man nicht löschen, denn es galt, den Durst Christi am Kreuz nachzuempfinden. In jedem Fall durfte man keine Milch und keine Sahne zu sich nehmen – ich habe viele Menschen getroffen, die bis heute ihren Kaffee am Karfreitag ohne Sahne trinken. Auch auf andere Weise versuchte man, eine möglichst düstere Stimmung zu schaffen. Es sollte noch bis in die 1970er-Jahre hinein dauern, bevor die Kinos die Erlaubnis erhielten, andere Filme als solche über Jesu Leiden zu zeigen.

Noch heute ist Fisch unterschiedlichster Zubereitung ein übliches Karfreitagsgericht, was davon zeugt, dass man noch lange nach der Reformation diesen Tag für einen Fastentag und damit für einen Fischtag hält. Heute geht es dabei jedoch um solche Delikatessen wie gedünsteten oder warm geräucherten Lachs, die mit wenig fastentauglichen Soßen serviert werden.

Hexenfeste und Osterküsse

Der Ostersonnabend ist zumindest in den protestantischen Ländern ein Gegenpol zum Karfreitag geworden, ein Tag, an dem die meisten Familien Eier essen – mit oder ohne die Mitwirkung des Osterhasen –, obwohl sie eigentlich bis zum Ostersonntag warten sollten!

Ein schauriger, altertümlicher Zug des schwedischen Oster-

Am Gründonnerstag klopfen „Osterweiber" (påskkärringar) an die Tür und fordern Kleingeld oder Süßigkeiten für ihren Kaffeekessel.

Ostern

Ostern

Ostern

festes hat sich heute in ein Vergnügen für Kinder verwandelt. Bekleidet mit Kopftüchern und langen Röcken, alte Kaffeetöpfe schleppend, kommen sie daher und erwarten, dass man ihnen Kleingeld und Süßigkeiten hineinlegt. Man nennt sie Osterweiber (*påskkärringar*) oder Osterhexen (*påskhäxor*). Sie erinnern an einen alten schwedischen Volksglauben, wonach die Hexen zu Ostern an einen Ort namens Blåkulla flogen, um dort auf ketzerische und unsittliche Art dem Teufel und seinem Anhang zu begegnen. Noch im 18. Jahrhundert konnte diese Vorstellung denen, die man als Hexen verdächtigte, Folter und harte Strafen einbringen.

Die Schweden haben ganz unbewusst auch andere Überbleibsel eines Hexenglaubens längst vergangener Zeiten bewahrt. Vor allem in Westschweden knallen Schüsse und Böller in der Dunkelheit der Osternacht, die hier und da überdies von großen Feuern draußen im Freien erleuchtet wird. Feuer und Böller sind alte erprobte Mittel, die Hexen auf Abstand zu halten.

Federngeschmückte Birkenzweige und Ostergrün

In einem kleinen Dorf nahe Umeå zirkulierte kurz vor der Jahrhundertwende 1900 das Gerücht, der neue Disponent der Teerfabrik sei ein sadistischer Haustyrann und Kinderquäler. Er war nämlich von den Dorfbewohnern beobachtet worden, wie er Birkenzweige abbrach und zurechtstutzte. Zu was sonst außer zum Verhauen seiner Kinder konnte man Birkenzweige gebrauchen?

Was lässt sich aus dieser kleinen Geschichte lernen? Nun, dass das im ganzen Land so populäre Ostergrün aus Birkenzweigen – jedenfalls in der Umgebung von Umeå – vor hundert Jahren unbekannt war. Wir können also mit Sicherheit festhalten, dass das Ostergrün in seiner heutigen Gestalt ein sehr später Festbrauch ist, aber auch eine jener Traditionen, die auch in heutiger Zeit gedeihen – ebenso wie Tannen- und Maibaum. Doch sind es verschiedene ältere Bräuche, die im

Das moderne Ostergrün – meist Birkenzweige – wird mit farbenfrohen Federn geschmückt.

modernen zusammenfließen. Einer von ihnen bestand darin, während der Fastenzeit Birkenzweige in die Zimmerwärme zu holen, damit die jungen Blätter rechtzeitig zu Ostern austreiben und ein Gefühl vom bevorstehenden Frühling vermitteln konnten.

Dann gab es die „nackten" Zweige ohne Schmuck oder zarte Blätter, die dazu da waren, anderen damit einen Klaps zu geben. Es war ein alter Brauch – trotz der Heiligkeit des Tages – am Karfreitag ein burleskes frühmorgendliches Vergnügen zu veranstalten. Wer als erstes aufstand, hatte das Recht, die anderen, die noch schliefen und vor sich hin schnarchten, mit diesen Zweigen zu hauen, um auf diese Weise die Angehörigen des Haushalts an Christi Leiden zu erinnern. Gewöhnlich war es der Vater, der diese symbolische Züchtigung versah, aber manchmal hatten die Kinder das Vergnügen, ihre Eltern zu versohlen. Die Knechte zogen es vor, die Mägde zu „peitschen" und umgekehrt. Ein zum Scherz, zum Flirt, Mit-Zweigen-schlagen kommt zwischen Jugendlichen übrigens auch zu anderen Gelegenheiten des Jahres vor.

Die Tradition der ursprünglich aus Stockholm stammenden, jetzt aber überall in Schweden üblichen Birkenzweige, die mit Federn geschmückt sind, kam vermutlich dadurch zustande, dass die in der Stockholmer Region üblichen, im Haus austreibenden, aber nicht dekorierten Zweige nun österlichen Federschmuck in Form bunter Daunen übernommen haben.

Ostereier

Ostern ohne Ostereier – seien es natürliche oder künstliche in mehr oder weniger essbarer Form – das ist etwas, was sich nicht nur ein Schwede kaum vorstellen kann. Nein, es gibt wohl keine andere „rituelle" oder religiös begründete Kost, die in solchen Mengen von allen Christen rund um den Globus an diesen zwei Tagen verzehrt wird.

Natürlich erklären populäre Vortragsredner und Geistliche die Ostereier damit, dass das Ei ein Symbol der Auferstehung Jesu sei, die ja den Höhepunkt des Osterwunders darstellt. Die-

Ostern

ser bildlichen Deutung kann man zustimmen, doch die Eierorgien während des Osterfestes haben einen anderen, wenngleich auch kirchlichen Ursprung. Der Ausdruck „Osterfasten" ist heute in Schweden nur ein Kalenderbegriff. Praktisch niemand verzichtet während der sechs Wochen vor Ostern auf Fleisch oder Eier. Möglicherweise lässt man in Schweden das Mittagessen zu Karfreitag, das aus fastentauglichem Lachs besteht, noch von der Tradition leiten. Doch sollte ein guter Christ die dazu servierten Soßen und Mayonnaisen eigentlich überspringen.

Die Hühner waren aber in früheren Zeiten noch keine Legemaschinen, wie es die heutigen das ganze Jahr über zu sein scheinen. Die Hormone der früheren Bauernhühner wurden nur während weniger Frühlings- und Sommermonate ausgeschüttet. Das fleißige Eierlegen war selbstverständlich der

Während der Osterwoche essen die Schweden 2000 t Eier und am Ostersonnabend selbst werden in Schweden sechs Millionen Eier aufgetischt. Sie sind mit fröhlichen Farben bemalt.

Ostern

Grund dafür, dass der Mensch das Huhn liebgewann. Als die Saison für Hühnereier – aber auch für die Eier von Wildvögeln, die man zu sammeln pflegte, vor allem die von Möwen- und Wildenten – endlich anbrach, herrschte gewöhnlich Fastenzeit, und da durfte man keine Eier essen. Also lagerte man sie in Erdkellern, bis die Fastenzeit mit Ostern zu Ende war. Ganz selbstverständlich bestand das Ostermenü demnach aus Eiern und nochmals Eiern, bei den schwedischen Bauern gern verzehrt mit einem Schnaps.

Eine Eierstatistik

Während der Osterwoche essen die Schweden 2000 Tonnen Eier, mehr als doppelt so viele wie in einer gewöhnlichen Woche. Am Ostersonnabend allein werden sechs Millionen Eier serviert. Doch können Sie sich vorstellen, dass zu Weihnachten noch mehr Eier verbraucht werden? Aufgeschlagen und eingerührt in Brot- und Kuchenteige?

Jedes Jahr isst der Durchschnittsschwede 200 Eier, davon 157 gekochte, „verlorene" oder gebratene, während die übrigen für die Essenszubereitung verwendet werden. Die Durchschnittswerte in der EU sind höher: 211 Eier pro Person und Jahr.

Wussten Sie, dass weiße Hühner weiße und farbige Hühner braune, dass junge Hühner kleine und alte Hühner große Eier legen?

Osterlamm

Vom Osterlamm wird im 2. Buch Mose erzählt. Früher begnügten sich die Menschen damit, das Osterlamm dort, in seiner alttestamentarischen Umgebung zu belassen und nicht zu essen. Heute aber prägt das mit Knoblauch gespickte Lammsteak in angelsächsischem Minzgelee mehr und mehr das Ostermenü. Allerdings verhält es sich so, dass die schwedischen einheimischen Schafe nicht so pro-

Ostern

grammiert sind, rechtzeitig zum Osteressen genügend Nachwuchs als Rohware bereitzustellen.

Nein, der späte Einzug des Osterlamms in die schwedischen Festtagsspeisepläne ist eher eine Folge der Gefriertechnik und modernen Frischwarentransporte, die die natürlichen Termine für eine ganze Reihe alter saisonbestimmter Essgewohnheiten und Esswaren aufgehoben haben. So sind es zum Beispiel neuseeländische Schafzüchter, denen die Schweden dafür danken können, dass der biblische Begriff heute in praktischer Kochkunst konkretisiert werden kann.

Früher einmal hatte indessen das Schaf- oder Lammsteak seine traditionelle Saison zu einem Zeitpunkt, der dem schwedischen Schafjahresrhythmus angemessener war: zu Bartholomäus, am 24. August, lebten die Lämmer jedes Jahr gefährlich.

Der Osterhase

Zu den sehr späten Elementen der schwedischen profanen Osterfeiern gehört der Osterhase, einer der zahlreichen Importe von Festbräuchen aus Deutschland. Er ist so eine Art Weihnachtsmann des Osterfestes, der richtige Eier oder solche in Form von Süßigkeiten bringt. In seinem Heimatland wird er bereits im 17. Jahrhundert erwähnt, doch der erste Beleg für den Osterhasen in Schweden datiert von 1901. Anfangs versteckte man nur für die Kinder deutscher Einwandererfamilien Ostereier im Haus oder im Garten, wo die Jüngsten dann danach suchen mussten. Als dann deutsche Schokoladenfabrikanten und schwedische Konditor den schlafenden Osterhasenmarkt in Schweden entdeckten, bekam man auch dort die hohlen Schokoladenhasen im pompösen Stanniolanzug und die ganz oder teilweise in Schokolade getauchten Marzipanosterhasen zu naschen.

Aber warum ein Hase? Die übliche Erklärung ist die, dass man ein süddeutsches Osterbrot, das mit dem christlichen Symbollamm verziert war, offensichtlich fehlgedeutet hat: nach dem Backen waren die Konturen des Lamms so verlaufen, dass man darin einen Hasen erkannte.

Walpurgisnacht

Walpurgisnacht

Valborgsmässoafton

Lange bevor Studenten, Guttempler-Logen und Clubs des CVJM, Heimatvereine und Lehrer begannen, einem widerspenstigen Frühling auf nunmehr traditionelle Weise Beine zu machen, hat sich die Sehnsucht der Menschen nach Sonne und Wärme auch auf andere Weise Ausdruck verschafft. Besonders umfassend waren die Walpurgisnachtfeiern in Südschweden, wo es um diese Zeit schon fast Sommer ist. Am Abend der Walpurgisnacht versammelte sich die Dorfjugend in Schonen und Blekinge, um „den Mai ins Dorf zu tragen". Mit Musikanten an der Spitze zog man von Hof zu Hof und sang Liedchen vor den Fenstern.

Manche trugen Körbe mit Eiern, Würsten, Broten und Branntweinflaschen, die man als Lohn für den Gesang aufzufüllen hoffte, mit sich. Am nächsten Tag, dem ersten Mai, versammelte man sich zum Fest, tanzte, aß und trank und vergnügte sich.

Wenn es Zeit war, die Musikanten zu bezahlen, ging einer der Knechte mit einem Teller und einer Schnapsflasche herum. Jeder legte eine Münze auf den Teller und bekam dafür einen Rachenputzer aus der Flasche. Die Musikanten quittierten mit einem Mailied.

Diese Bettelbräuche waren auch mit anderen Frühsommerfesten verknüpft, doch die Walpurgisnacht war der bevorzugte Zeitpunkt.

30. April

Die schwedische Walpurgistradition stammt von den norddeutschen Hexenfeuern, und weil es im Mittelalter viele Deutsche in Stockholm gab, verbreitete sich der Brauch hier zuerst. Walpurgisfeuer sind nunmehr eine genuin schwedische Tradition.

Walpurgisnacht

Hexenfeuer, Maifeuer, Walpurgisfeuer

Heute ist von den Festtraditionen der Walpurgisnacht nur das Feuer geblieben, mit oder ohne Chorgesang, der ein später bürgerlicher Beitrag zu dem Brauch ist, sich am Abend vor dem ersten Mai um ein Feuer zu versammeln, und der vermutlich auf die Frühlingsfeiern der Studenten in Lund und Uppsala vor mehr als 200 Jahren zurückgeht. Aber noch immer gibt es den einen oder anderen der warm eingemummelten Zuhörer, der es wie eine magische Bezwingung der Jahreszeit empfindet, wenn „Sköna maj välkommen…" (Schöner Mai, willkommen…) oder „Vintern rasat ut…" (Der Winter hat sich ausgetobt…) in der Abenddunkelheit erklingt.

Das Feuer selbst hat jedoch ältere Ahnen. Es war ein alter Brauch in Schweden und vielen anderen Ländern, im Frühling Feuer im Freien zu entzünden. Die Gelehrten streiten sich darüber, ob dies geschah, um zur beginnenden Weidesaison Raubtiere von den Kühen und Schafen fernzuhalten oder ob eine Art übernatürlicher, magischer Absicht zu Grunde lag, etwa so wie bei den Deutschen, die sich vor Hexen schützen wollten, die sich in dieser Nacht zur Verehrung des Teufels auf dem Blocksberg versammeln. Tatsächlich stammt der schwedische Brauch von den norddeutschen Hexenfeuern zu Walpurgis, und weil es viele Deutsche in Stockholm und seiner Umgebung gab, hat er sich dort zuerst verbreitet. Die schwedischen Hexen waren in der Walpurgisnacht jedoch nicht ganz untätig. Man sagt, dass man sie in dieser Nacht dabei beobachten kann, wie sie draußen in einem Bach mit einem leeren Butterfass zwischen den Knien energisch herumpaddeln und aus vollem Halse schreien: „Die Milch guter Kühe in meinen Topf!" Auf diese Weise eignen sie sich die Milch der Nachbarn für ein ganzes Jahr an. Wird man Zeuge dieses Schauspiels, dann soll man seine Flinte mit Salz laden, auf das Hinterteil einer Hexe zielen und während man feuert rufen: „Sch…

in dein Fass! Sch... in dein Fass!" – so endet ihr böser Anschlag mit dem hier so derb angedeuteten Ergebnis. Hexe zu sein ist wahrlich nicht ohne Risiko!

Sind die schwedischen Walpurgisfeuer aber nur dem deutschen Hexenbrennen entliehen? So wurde es gelegentlich gedeutet, wahrscheinlich ist aber, dass dieser schöne Brauch eine noch ältere, einheimische Vergangenheit besitzt. Einige Volkskundler behaupten, dass von einem keltischen, genauer gesagt irischen Ursprung auszugehen sei. In den früheren keltischen Kulturen Westeuropas war der erste Mai der erste Tag des Sommerhalbjahres und wurde nicht zuletzt mit Feuern gefeiert.

Fragte man die Alten, warum sie gerade zu dieser Zeit im Jahr Feuer entzündeten, antworteten sie meist, sie wollten damit die Wölfe und Bären aus der Gegend vertreiben, bevor das Vieh auf die Weiden hinausgelassen wird. Überdies veranstaltete die emsige, Nutztiere haltende Bevölkerung an diesem Tag geradezu eine Symphonie von Lärm und Geheul mit allen zur Verfügung stehenden Mitteln. Am nächsten Tag ließ man dann Kühe und Schafe hinaus auf die Weiden, denn der erste Mai war in großen Teilen Schwedens der erste Tag der Weidesaison. So war es gut, wenn alle Wölfe und Bären sich in Wälder und Gebirge zurückgezogen hatten. Dann blieben nur noch die Füchse, mit denen man es zu tun hatte. Damit die Schafe auch von ihnen in Ruhe gelassen wurden, konnte der Hausvater am Walpurgisabend hinaus in den Stall gehen und sie anpinkeln, danach ließ man sie durch ein Pferdegeschirr gehen.

Walpurgis sagt das Wetter vorher

Kurioserweise ist die Heilige, deren „Abend" man am letzten Apriltag feiert, nicht vor 1901 in den schwedischen Kalender gelangt. Vorher existierte sie also lediglich als eine Art mündlicher Kalendertradition, was recht einzigartig ist. Walburga oder Walpurgis war eine englische Königstochter von bestem Lebenswandel, die sich in der Mitte des 8. Jahrhunderts

Walpurgisnacht

Studenten in Uppsala und Lund feiern seit über 200 Jahren die Ankunft des Frühlings.

als Äbtissin im Benediktiner Kloster Heidenheim in Franken niederließ. Es scheint, als habe sie zu Lebzeiten wenig Aufhebens von sich gemacht, doch als Verstorbene agierte sie umso mehr und einer Heiligen angemessen. Aus ihrem Sarkophag sickerte nämlich eine ölige Flüssigkeit und wer sich damit einbalsamierte, wurde von allerlei Krankheiten befreit. Dieser merkwürdige Ausfluss soll noch immer vor sich gehen. Rationalistische Erklärungsmuster gehen davon aus, dass es sich nur um Luftfeuchtigkeit handelt, die auf dem kalten Grabstein kondensiert, doch bevor es diesen Erklärungen gelang, hervorzutreten, hatte die Kirche die gute Äbtissin bereits kanonisiert. Dies geschah nun ausgerechnet am ersten Mai, der darum Walburgas Namenstag wurde und dem man besonders

Walpurgisnacht

in Deutschland Aufmerksamkeit schenkt. Walburgas Ankopplung an den Frühlingsfeiertaumel in Stadt und Land geschah in Schweden vor diesem Hintergrund.

Die eine oder andere Spur weist darauf hin, dass Walburga während des Mittelalters auch in die Sammlung schwedischer Heiligenlegenden Eingang gefunden hat, auch wenn eifrige evangelische Priester ihr Bestes taten, dieses „Unkraut" auszureißen. Ein alter Mann in Älghult in Småland erzählte mir von „Sanna Valbårra", wie er sie nannte. Aus ihrer Brust habe ein Öl geflossen, das Krankheiten abwehrte. Dies war vielleicht eine Kombination der oben erwähnten Grablegende mit einer anderen kontinentalen Tradition, die besagte, dass Walburga unter ihrer linken Brust ein Loch aufwies. Es soll entstanden sein, als Christus einmal mit ihr die Herzen tauschte. Diese Operation ist in unterschiedlichen Ausformungen auf frommen Passionsmalereien zum Beispiel in österreichischen Wallfahrtskirchen zu sehen.

„Friert Walburga an den Füßen?" – ja, in diesem Fall wird es weitere vierzig Nächte ebenso kalt bleiben, so glaubt man u.a. in Medelpad. Sie friert an den Füßen, wenn es Frost gibt in der Walpurgisnacht. So galt diesem Datum früher, aber in gewisser Weise auch heute noch das besondere Interesse der Bauern, die daraus ableiteten, wie sich das Heumahd- und Erntewetter entwickeln würde.

Nächste Seite: Die Buschwindröschen blühen, nun ist es Frühling!

Erster Mai

Erster Mai

Första maj

Das Doppelfest am letzten Apriltag und am ersten Mai ist im schwedischen Kalender einzigartig (jedenfalls bis der Nationaltag als „bürgerlicher Feiertag" begründet wurde), es ist ein rein profanes Fest ohne kirchliche Anbindung. Seinen Anfang nahm es im antiken Rom, wo man am ersten Tag des März, dem Monat des Kriegsgottes, die waffenführenden Mannschaften auf dem „Marsfeld" musterte. Als die Könige im Frankenreich diesen Brauch im 8. Jahrhundert aufnahmen, war die Beschaffenheit der Wege und Landstraßen so elendig und der Mangel an Weidemöglichkeiten für die Pferde der Kavallerie so belastend, dass man nicht Krieg üben konnte, sondern dies auf den ersten Mai verschob. Dann nannte man all dies „Maifeld". Hier übte man sich im Zielschießen und anderen ritterlichen Tugenden. Doch mit der Zeit waren die Waffenübungen nicht mehr aktuell, aber bereits in vielen nordwesteuropäischen Städten ein Teil des Festlebens, so dass diese Tradition fortan in eher spielerischen Formen von den Korporationen der Städte gepflegt wurde und sich weiter verbreitete, unter anderem auch nach Nordeuropa. Auf die gleiche Weise wie die Stadtbürger agierten auch die Bauern auf ihren Dorfversammlungen und so wurde dies auch ein freier Tag für die auf den Höfen beschäftigten Menschen. Der erste Mai wurde also schon während des Mittelalters zu einem arbeitsfreien Tag, im

Die Demonstration zum ersten Mai 1940 war eine machtvolle Manifestation der politischen Einheit Schwedens im Schatten des Zweiten Weltkrieges. Erstmals wurden rote Fahnen und blau-gelbe schwedischen Flaggen nebeneinander gezeigt.

Erster Mai

Großen und Ganzen war er der einzige des Jahres (außer der freien Woche zur Michaelsmesse). Dies ist der Grund, warum er im 19. Jahrhundert wie selbstverständlich als freier Tag der Arbeiter für Ausflüge ins Grüne und mit der Zeit auch für politische Manifestationen auserkoren wurde.

Weil der erste Mai ein rein profaner Feiertag war, erhielt er im Festzyklus des Jahres eine einzigartige Stellung – alle anderen Feiertage waren kirchliche Gedenktage, die je ihren speziellen Kult besaßen. Der Charakter des ersten Mai als allgemeiner, ausgelassener Festtag konnte in Schweden bis ins 19. Jahrhundert hinein bewahrt werden. Da waren die alten, typischen Elemente des Brauchs zwar längst abgelegt, doch die Menschen feierten die Ankunft des Frühlings auf andere festliche Weise. Die Studenten in Lund und Uppsala begingen Maifeste, die der Ursprung der späteren studentischen Karnevale waren, und in Stockholm begaben sich zumindest die Bürgerfamilien allesamt hinüber nach Djurgården, um sich dort in dichtgedrängten Reihen vor König Karl XV. und gegen Ende des Jahrhunderts vor seinem jüngeren Bruder Oscar II. zu verbeugen, wenn die königliche Familie vorbeiritt oder im offenen Wagen vorüberfuhr.

Tag der Arbeiter

Doch als die Arbeiterklasse denselben freien Tag dafür verwendete, sich in Scharen unter roten Fahnen und Gewerkschaftsstandarten zu sammeln, hat es ganz anders geklungen. Ihr Versammlungsort und Gegenpol zu den Veranstaltungen auf Djurgården war Ladugårdsgärdet, ein Stockholmer Stadtteil – zu einem großen Teil aus Grünflächen und Wald bestehend – nordöstlich vom noblen Östermalm. Die Idee, den ersten Mai zum Demonstrationstag der Arbeiter und des Sozialismus zu machen, kommt faktisch aus den USA. Dort hatte die American Federation of Labor (AFL) auf spektakuläre Weise den Acht-Stunden-Arbeitstag vom 1. Mai 1884 an gefordert, und als die Zweite Internationale 1889 ihren ersten Kongress abhielt, schlug eine Delegation der AFL vor, man möge den er-

Erster Mai

sten Mai zum Manifestationstag der internationalen Arbeiterbewegung ausersehen.

Schon 1890 wurde dies in Schweden verwirklicht. Die Demonstrationen versammelten 20 000 Teilnehmer in Stockholm und Malmö, 25 000 in Göteborg. Außerdem wurden Demonstrationszüge auch in vielen kleineren Städten arrangiert. Der Rekord wurde 1939 erzielt, als der erste Mai ein „bürgerlicher Feiertag" wurde und der Demonstrationszug in Stockholm 170 000 Teilnehmer umfasste. Doch da lag der Schatten des nationalsozialistischen Deutschlands schwer über Nordeuropa und als eine Manifestation nationaler Einheit gegenüber dieser Bedrohung wurde die schwedische Flagge an der Spitze des Zuges mitgeführt.

Während des „kalten Krieges" verringerten sich diese Scharen, an vielen Orten gab es keine Demonstrationen mehr – unter einer fest etablierten sozialdemokratischen Regierung

Demonstrationszug der Linkspartei (vänsterpartiet) am 1. Mai in einer schwedischen Kleinstadt.

Erster Mai

schien es nicht mehr notwendig, gegen sie zu protestieren. Die Transformation der Arbeiterklasse zur Mittelklasse trug zu diesem abnehmenden Interesse bei. Außerdem kam der arbeitsfreie Tag den Kleingarten- und Sommerhausbesitzern und den Balkon- und Einfamilienhausgärtnern gerade recht, um sich ihren jeweiligen Pflanzarbeiten zu widmen. Gott sei Dank wurden die Schweden in ihrer Idylle nicht wie im Ostblock zu militärisch ausgeformten Erster-Mai-Demonstrationen zwangsabkommandiert. Doch wie sah der Tag aus, bevor er zum Tag der Arbeiter wurde?

Der Maigraf

Eine kleine Notiz in den Chroniken der Stadt Stockholm (Stockholm stads tänkeböcker) von 1486 ist der älteste Beweis dafür, dass die Stockholmer bereits im Mittelalter den ersten Mai mit der Wahl eines Maigrafen feierten – ein Spektakel, das recht bald schon sehr ernstgenommen wurde und offizielle Ausmaße erhielt, indem die Maigrafenwahl selbst vom Magistrat der Stadt vorgenommen und sorgfältig protokolliert wurde. Es war so etwas wie eine Luciawahl, auch wenn ein Mann gewählt wurde, und hatte wie die halboffiziellen, mit Zeitungspapier gekrönten Luciabräute ihre Entsprechung in Vereinen und Gewerben. So wählten beispielsweise die Gesellen der großen Handwerkerzünfte ihren eigenen Maigrafen und organisierten eigene Maifeste in der Umgebung der Stadt.

Schieß einen Papagei am ersten Mai

Papageienwettbewerbe haben auch eine alte Geschichte. Schon für den 29. April 1489 ist eine Aufzeichnung in den Stockholmer Rathausprotokollen darüber zu entdecken, wie es bei einer solchen Veranstaltung zugehen sollte. Es oblag einer der Gilden der Stadt, der Gilde Unserer lieben Frau oder St. Gertruds Gilde, am ersten Mai einen Maibaum aufrichten zu lassen, auf dessen Spitze eine Papageienabbildung saß.

Es ging um ein Zielschießen auf einen Vogel, aufgesetzt

Erster Mai

auf einen hohen Pfahl. Wer dieses Schießen gewann, durfte als Belohnung einen silbernen Papageien an einer Kette um den Hals tragen (eine solche ist übrigens in Gotlands Museum in Visby erhalten) und des Weiteren alle anderen Teilnehmer zum Bier einladen, was ihn recht teuer zu stehen kommen konnte. Dieses Schießen mit Pfeil und Bogen durfte nur an diesem Tag oder am zweiten Pfingsttag durchgeführt werden.

Es war vorgeschrieben, dass die Spendierfreudigkeit des Siegers eine Last, das sind 12 Fässer Bier, nicht überschreiten sollte. Wenn man bedenkt, dass eines dieser Fässer 125 Liter enthielt, ist leicht zu verstehen, dass die Preisvergaberegeln des Papageienschießens dieses zu einem ausgeprägten Oberklassevergnügen machten, doch auch diese Oberklasse war mit großem Durst ausgestattet.

In gewisser Weise gibt es noch immer eine Reminiszenz an das Papageienschießen am ersten Mai, jedoch in einem ganz anderen lebhaften Brauch, dem Maibaum.

Wärme am ersten Mai bringt Kühle danach

Dies also waren die Zutaten für die Maifeiern in den schwedischen Städten. Wie aber ging es auf dem Lande zu? Im Leben der Bauern und der Dorfgemeinde hatte der erste Mai ebenso wie in den Städten die Rolle eines administrativen Neujahrstages. Die Ältesten wurden gewählt, Abschlussversammlungen abgehalten und die Bauern gingen gemeinsam umher und überprüften ihre Weidezäune. Hatte jemand gegen Regeln verstoßen, wurde er zu einer Strafe verurteilt, die meistens darin bestand, den Kameraden Bier auszuschenken.

Natürlich wurden auch Volksglaube und Wetterprophezeiungen mit diesem bemerkenswerten Kalendertag verknüpft. So lange, wie man die Kröten vor dem Walpurgistag quaken und knurren hört, so lange werden sie nachher schweigen. Das soll andeuten, dass der Wärme vor dem ersten Mai ganz oft eine Kälteperiode folgt.

Die Schöpferin der „Maiblume", Beda Hallberg (1869–1945), engagierte sich in der Hilfsarbeit für tuberkulosekranke Kinder. 1907 initiierte sie mithilfe der ersten Maiblume eine Spendensammlung. Sie war ein großer Erfolg. Später wurde Hallberg eine führende Kraft im Kampf gegen TBC.

Nächste Seite: So veränderten die Maiblumen ihre Farben. Maiblumen werden noch heute vor dem 1. Mai verkauft.

Erster Mai

Erster Mai

1914	1915	1916	1917	1918	1919	1920		
1928	1929	1930	1931	1932	1933	1934		
1942	1943	1944	1945	1946	1947	1948		
1956	1957	1958	1959	1960	1961	1962		
1970	1971	1972	1973	1974	1975	1976		
1984	1985	1986	1987	1988	1989	1990		
1998	1999	2000	2001	2002	2003	2004		

2012

Christi Himmelfahrt

Kristi himmelsfärdsdag

39 Tage nach Ostern

Laut der Bibel ist Christi Himmelfahrt der Tag, an dem Jesus die Erde verließ und hinauffuhr in den Himmel. In der schwedischen volkstümlichen Feiertagstradition sind die rein religiösen Anlässe jedoch dünn gesät. Sicher hat es religiös fundierte Bräuche gegeben, doch meistens waren sie mit höchst profanen Absichten verknüpft.

Dies hat wahrscheinlich dazu beigetragen, dass Christi Himmelfahrt als Feiertag mitten in der Arbeitswoche ein Dorn im Auge der Unternehmen und Behörden war, denen es schließlich gelang, die meisten solcher Feiertagsanomalien aus dem schwedischen Kalender zu streichen. Es war davon die Rede, den „flygaredag", wie er manchmal genannt wird, auf den nächstfolgenden Sonnabend oder noch besser auf den Sonntag zu verschieben, doch bis auf weiteres konnten dergleichen Attentate auf schwedische Traditionen zurückgewiesen werden. Der Freitag nach Himmelfahrt war doch der meist genutzte „Brückentag", um sich eine herrliche vier Tage währende Frühlingsfreizeit für allerlei Freiluftaktivitäten zu schaffen, von Spaziergängen zu Bootsarbeiten und Laubharken im Garten.

Seit 1925 wird Christi Himmelfahrt als „Tag der Volksnüch-

Christi Himmelfahrt

ternheit" gefeiert, der vom Landesverband der Nüchternheitsbewegung organisiert wird. An diesem Tag werden in Schweden Hunderte Kundgebungen im Freien veranstaltet.

Früher war es oft so la la mit der Nüchternheit an diesem Tag. Da gehörte der „Heilige Donnerstag" vielerorts zu den wichtigsten Kirchgangtagen des Jahres, hatte aber in dieser Hinsicht seine besonderen Eigenheiten. In manchen Landschaften leitete man so etwas wie Freundschaftsbesuche in den Kirchen anderer Gemeinden ein. Um diese Ausflüge entwickelte sich ein richtiges Marktleben und nach der Hochmesse kam es zu fröhlichem geselligen Beisammensein. Picknickkörbe und Branntwein wurden ausgepackt, die Stimmung stieg und bald war es Zeit für die erste reelle Schlägerei der Saison. Diese Kirchenmessen leben an manchen Stellen noch fort, wenn auch in abgemilderter Ausformung.

Ein Tag für Anglerglück und grüne Weiden

Beinahe in ganz Schweden herrscht die alte Regel, vor Christi Himmelfahrt nicht in den Gewässern zu angeln, weshalb dieser Tag auch „Erster Anglertag" genannt wird.

Warum war es gerade Christi Himmelfahrt, an dem das Angeln beginnen sollte? Ein Forscher hat den Gedanken geäußert, dies könnte darauf beruhen, dass man an diesem Tag in der mittelalterlichen Kirche das Angelgerät für die Fischereisaison „geweiht" hat.

Die Kühe hatten allen Grund, dem „Heiligen Donnerstag" mit Vergnügen entgegenzusehen, denn in vielen Ortschaften wurden sie an diesem Tag auf die Weiden hinausgelassen und alle Färsen, die noch keinen Namen hatten, sollten an diesem Tag getauft werden.

In Västergötland und Dalsland zum Beispiel, stellenweise auch in Värmland, waren früher Christihimmelfahrtsfeuer draußen in der Natur üblich. Dazu gab es Musik und Tanz bis weit in die Nacht. Heute werden diese Himmelfahrtsfeuer vor allem in Österlen, einer Landschaft im südöstlichen Schonen, noch entflammt.

Pfingsten

Pfingsten

Pingst

Die kirchliche Bedeutung Pfingstens als eine Art Finale des Osterfestes in Gestalt der Ausgießung des Heiligen Geistes hat es kaum vermocht, bei gewöhnlichen Menschen eine tiefere religiöse Empfindung auszulösen. Deshalb spielt Pfingsten auch – verglichen mit Weihnachten oder Ostern – in der volkstümlichen Frömmigkeit eine weniger spektakuläre Rolle. Der Heilige Geist in allen Ehren, aber ihm gelang es nicht, die Phantasie auf die gleiche Weise anzuregen wie das romantische Weihnachten oder die tragische Botschaft Osterns. Dies jedoch bedeutet nicht, dass das Pfingstfest kirchliche Anknüpfungen anderer Art vermissen lässt. Dazu später mehr. Pfingsten war jedoch in Schweden bis zum Jahr 2005 als ein verlängertes Frühlingswochenende eine beliebte Freizeit, doch patriotisch gesinnte Behörden reduzierten es auf ein höchst normales Wochenende, um stattdessen den 6. Juni, den Nationaltag, im Kalender rot anzustreichen. Der zweite Pfingsttag bedeutete für die vorindustrielle Bauernkultur einen extra arbeitsfreien Tag, der in eine Zeit des Jahres fiel, zu der die schweren Frühlingsarbeiten in der Landwirtschaft, zum Beispiel Düngen und Pflügen, beendet waren, während die sommerliche Heuernte noch nicht begonnen hatte. Für junge Leute wurde Pfingsten deshalb eine Zeit des Spielens, Tanzens und Flirtens.

50 Tage nach Ostern

Am Pfingstwochenende zu heiraten – in der Zeit der „Verzückung" – ist eine alte schwedische Tradition.

Pfingsten

Jugendgilden und Pfingstbräute

Früher wurde das Pfingstfest vor allem von den Jugendgilden geprägt, die während dieses Wochenendes spezielle Formen des Feierns ausgestalteten.

In Utby in Västergötland klagten ernste Einwohner auf einer Versammlung im Jahr 1746 über die Jugend des Dorfes, „die sich während des Gottesdienstes mit einer ausstaffierten sogenannten Pfingstbraut auf unanständige Weise aufführte". Es gibt viele Hinweise aus älterer Zeit, dass in großen Teilen Schwedens, besonders aber in den südlichen, junge Leute zu Pfingsten Pfingstbräute kostümierten und Pfingsthochzeiten feierten.

Dann hieß es, das Brautpaar im Dorf herumzuführen und auf den Höfen den prächtigen Brautschmuck vorzuzeigen in der Hoffnung, daraus könnten allerlei Gaben resultieren, sowohl feste als auch flüssige.

Mit Vorreitern an der Spitze zog der Brautzug von Hof zu Hof, sang ein Lied und kassierte Geschenke ein. Gleich hinter dem Brautpaar gingen paarweise Brautjungfern und Trauzeugen und schließlich junge Mädchen mit Strohkörben zwischen sich, in denen Eier, Fleisch, Brot, Butter und Flaschen mitgeführt werden konnten.

Ältere Volkskundler sehen in diesem Pfingsthochzeitsbrauch einen Überrest heidnischer Fruchtbarkeitsriten oder schlimmeres. Doch der Zusammenhang ist viel einfacher. Früher war es nun einmal so, dass man sich als Brautpaar am schönsten und feinsten anziehen konnte, und irgendetwas musste man ja bewerkstelligen, um die Freigiebigkeit der Dorfbewohner zu stimulieren.

Zeit der Verzückung

Pfingsten ist das einzige Fest unter den bedeutenden Feiertagen, das in Schweden keine landesweite kulinarische Tradition aufweist.

Auch wenn die kirchliche Botschaft Pfingstens für den

gemeinen Mann weniger attraktiv war, entwickelte sich der Pfingsttag zu einem beachtenswerten Kirchenbesuchstag. Er war einer der wichtigsten Opfertage des Kirchenjahres, doch die Absicht mit dem Kirchenbesuch war nicht zuletzt, dass die Frauen Gelegenheit erhielten, ihre Sommerkleider vorzuführen. Besonders für die Kinder wurde der Kirchgang zu Pfingsten durch das Frühlingsgrün mit einem kleinen Strauß Narzissen oder Schlüsselblumen in der Hand zu einer Erinnerung fürs Leben. Ein gängiger Volksglaube besagte, dass eine Frau, die im Laufe des Jahres gern schwanger werden wollte, an diesem Tag ein Kind mit in die Kirche nehmen müsse. Hatte sie kein eigenes Kind, konnte sie eines vom Nachbarn leihen, dies hätte denselben Effekt, so dachte man.

Die oft zitierten Worte des Schriftstellers und Bischofs Esaias Tegnér (1782–1846), wonach Pfingsten eine „Zeit der Verzückung" sei, beziehen sich in der Tat auf die Gefühle junger Konfirmanden vor dem ersten Abendmahl, doch florierte auch eine Verzückung von anderer Art als der Bischof im Sinn hatte. Für die Neukonfirmierten bedeutete das erste Abendmahl nämlich in vielen Orten auch freien Zugang zu Festen und Tanzveranstaltungen. Und so war der Abend des Pfingstmontags ein üblicher Zeitpunkt, die Neuankömmlinge in die Vergnügungen der Jugend einzuführen.

Wetterprophezeiungen und Pfingtsregen

Nicht nur die Pfingstbräute, sondern auch die meisten Menschen heute stimmen sicher darin überein, dass zu Pfingsten gern schönes Wetter herrschen sollte – denn Pfingsten ist ein perfekter Zeitpunkt für die Arbeit am Sommerhaus, im Garten oder auf dem Segelboot. Früher allerdings waren es weniger diese Aspekte des Pfingstwetters, die Beachtung fanden. Was also das Pfingstwetter anging, gab es zwei gegensätzliche Auffassungen. „Regen am Pfingsttag tut selten gut" sagte man mancherorts und zitierte damit wörtlich den „Bauernkalender" (Bondepraktikan), das alte Handbuch für Landwirte. In anderen Orten scheint gerade der Pfingstregen das gewesen

Pfingsten

zu sein, was die Bauern sich wünschten, hier war man sich einig: "Regen zu Pfingsten und Sonne zu Mittsommer sind Gold wert". Vergleicht man die beiden Sätze mit dem nordischen Klima und dem nordischen Landwirtschaftsjahr, so erscheint die Erwartung des Regens zu diesem Zeitpunkt sehr berechtigt. Die Furcht des „Bauernkalenders" vor dem Pfingstregen war in den süddeutschen Gegenden, in denen diese Furcht ihren Ursprung hat, durchaus angemessen, denn zu Pfingsten war es hier bereits Zeit für die Blüte der Saat. Und da ist Regen natürlich gefährlich. Das Unbehagen gegenüber dem Pfingstregen ist ein Beispiel dafür, wie es dieser Bauernregel gelang, die nordische Folklore mit einer völlig falschen Prognose zu bereichern.

Im Grunde ist es sehr eigentümlich, dass ein beweglicher Feiertag wie Pfingsten überhaupt Gegenstand von Wetterprophezeiungen und dergleichen geworden ist – der Zeitpunkt für dieses Fest kann ja um einen ganzen Monat variieren und fällt außerdem in eine Periode des Jahres, in der der Klimaunterschied zwischen Nord- und Südschweden besonders augenfällig ist.

Mai. Illustration von Elsa Beskow, eine der beliebtesten Kinderbuchillustratorinnen Schwedens.

Pfingsten

Muttertag

Muttertag

Mors dag

Der Muttertag ist ein auf verschiedene Weise umstrittener Namenstag. Einige halten ihn – wie den Vatertag – psychologisch und sozial für äußerst unangemessen, vor allem mit Blick auf alle unvollständigen Familien. Für viele andere ist er nur ein neuzeitlicher, rein merkantiler Spaß zugunsten der Blumenhändler, Konditoren und Süßwarenfabrikanten und ein Ausdruck amerikanischen ‚Kommerzialismus'.

Aber so einfach verhält es sich eben nicht. Der Muttertag hat alte Wurzeln in der Volkstradition, wenn auch nicht in Schweden, und ist vor allem in England lange Zeit geheiligt worden. Dort wurde der Mittfastensonntag, das heißt der vierte Sonntag der Fastenzeit, bereits zu Beginn des 17. Jahrhunderts Mothering Sunday, „Mutterfeiertag", genannt. Diese Bezeichnung erhielt er eigentlich deshalb, weil man an diesem Tag aufgefordert war „to-go-a-mothering", was zu Beginn bedeutete, die „Mutterkirche" seiner Gemeinde zu besuchen, also die, die einmal der Ursprung der eigenen Kirche war. Doch bald war die kirchenhistorische Deutung von „mother" vergessen und in die zugänglichere, familiäre, übergegangen.

Schon früh erhielt dieser „mothering"-Tag also auch eine profane Bedeutung des Wortes mother, „Mutter", und schon im 17. Jahrhundert gab es in England den etablierten Brauch, dass Kinder am Mittfastensonntag ihre Eltern besuchen, ins-

Der 4. Sonntag im Mai

Blühender Flieder.

Muttertag

besondere, wenn sie in Diensten standen und an einem anderen Ort wohnten.

Ann Jarvis erschafft den Muttertag

Dass man irgendwann am Rande des Frühlings eine Art Familienfest oder ein Familientreffen veranstaltet, ist in vielen Ländern Westeuropas höchst traditionell. Oft war es das Oberhaupt einer Familie, gewöhnlich ihr ältestes weibliches Mitglied, das seine Angehörigen zu einer Festmahlzeit um sich versammelte. Doch in England war es – durch den Einfluss des Terminus „mothering day" natürlich vor allem die eigene Mutter, die man zu ehren gedachte.

Doch es war in New England, wo der moderne Muttertag von einer amerikanischen Lehrerin namens Ann Jarvis (1864–1948) geschaffen wurde. Sie vermochte ihren Gemeindepfarrer in Philadelphia im Jahre 1907 (oder 1908, die Quellen sind sich da nicht ganz einig) davon zu überzeugen, einen Gottesdient über das Vierte Gebot und besonders die Mutterliebe zu halten. Sie schmückte die Kirche mit weißen Nelken und überreichte eine solche am Ende des Gottesdienstes jedem Gottesdienstbesucher. Ann Jarvis war von da an eine energische Apostelin für die Idee des Muttertages, ja, schon 1914 durfte sie triumphieren, als Präsident Wilson den zweiten Sonntag im Mai, den Todestag von Ann Jarvins Mutter, zum offiziellen Feiertag im Kalender der USA deklarierte.

Natürlich witterten die Kaufleute des Landes money, money, als dies geschah. Die Werbekampagnen für entsprechende Muttertagsgeschenke wurden immer aufdringlicher, die Muttertagskarte wurde zu einer Plage. An kaum einem anderen Tag waren die amerikanischen Restaurants so ausgebucht wie am Muttertag. Es wird erzählt, dass Tante Ann selbst nahezu erschrocken war über die Kommerzialisierung ihres so friedlich gedachten Tages. Und da der Muttertag nun so schön die Kauflust anregte, zögerte man nicht, auch einen Vatertag einzuführen, ja, sogar einen Bruder-, Schwester- und

Ann Jarvis (1854–1948) war Lehrerin und Tochter eines amerikanischen Methodistenpredigers. Sie erfand, genauer gesagt sie wiederentdeckte zu Beginn des 20. Jahrhunderts eine ältere angelsächsische Muttertags-Tradition.

Muttertag

Hundetag, wenngleich diese – zum Glück – nicht besonders langlebig waren.

In den meisten Ländern Europas wurde der Muttertag nach amerikanischem Vorbild in den ersten Jahren nach dem Ersten Weltkrieg eingeführt – oder wieder eingeführt, war doch der Mothering Day und seine Entsprechungen auf dem Kontinent das Vorbild gewesen. Hier wie auch in Schweden wählte man den vierten Sonntag im Mai dafür aus.

Die Frauenrechtlerin und Schriftstellerin Cecilia Bååth-Holmberg lancierte den Muttertag in Schweden. Dem zu seiner Zeit wohlbekannten Namen dieser Frauenpionierin ist die große Durchschlagskraft der Idee vom Muttertag zu verdanken. Sie wurde von der Tages- und Wochenpresse sofort aufgegriffen.

Der Muttertag trifft auf Widerstand

Keinem jährlichen Feiertag ist von verschiedenen Volksbewegungen mehr Kritik entgegengebracht worden wie gerade dem Muttertag. Der Filmstar Shirley MacLaine führte in den USA das „Emergency Committee to Boycott Mother's Day" in den 1970er-Jahren an, und in Kopenhagen organisierten zur selben Zeit die „Rödstrumparna" (Rotstrümpfe) Anti-Muttertags-Demonstrationen, denn für sie ging es dabei um eine Frage reaktionärer Rollenaufteilung. In Schweden protestierten Kinderpsychologen leidenschaftlich gegen diesen „Geschäftsspaß", und viele sozialdemokratische Frauenvereine wollten das Feiern des Muttertags verbieten.

Zu seiner Infragestellung trug in gewisser Weise das Schicksal des neu-alten Brauchs in Deutschland bei. 1939 nahm sich der Staat den Feiern des „Tags der deutschen Mutter" an, deren Höhepunkt die Verleihung des „Ehrenkreuzes" durch Hitler an Mütter war, die außergewöhnlich viele kleine Arier in die Welt gesetzt hatten. 1946 wurde der „Tag der deutschen Mutter" verständlicherweise verschwiegen, jedoch 1947 in Westdeutschland wiedererweckt – ohne jegliche Untertöne oder Mütterorden.

Schwedens Nationalfeiertag

Schwedens Nationalfeiertag

Sveriges nationaldag

Die Schweden beharrten lange darauf, das vielleicht einzige Land der Erde zu sein, das keinen Nationalfeiertag besaß. Es kann als symptomatisch für ihre Skepsis gegenüber patriotischen Manifestationen im Allgemeinen betrachtet werden, dass viele mit diesem Mangel prahlten. In vaterländisch gesinnten Gesellschaftskreisen jedoch unternahm man schon im 19. Jahrhundert Versuche, einen solchen Feiertag zu schaffen.

Gebäck und Skansen-Spaß

Seit der Jahrhundertwende 1900 haben die Schweden dem Hinscheiden des Heldenkönigs auf eine spezielle Weise feierlich gedacht, nämlich indem sie „Gustav-Adolf-Gebäck" aßen – Kuchen, der mit dem Schokoladen- oder Marzipanporträt des Königs im Profil verziert war.

Am Ende des 19. Jahrhunderts schlugen die Wellen der Nationalromantik hoch, davon beseelte Kräfte wollten, dass auch Schweden einen offiziellen Nationaltag erhielt. Einen ersten Schritt in diese Richtung unternahm Artur Hazelius, der Gründer des Freilichtmuseums Skansen und des Nordischen Museums (Nordiska Museet) in Stockholm, der Anfang des Jahres 1892 den „Tag der schwedischen Flagge" mit einer feierlichen

6. Juni

1892 begann Artur Hazelius – Schöpfer des Freilichtmuseums „Skansen" in Stockholm – am 6. Juni den Tag der Schwedischen Flagge zu feiern. Zu Schwedens offiziellem Nationalfeiertag wurde der 6. Juni aber erst 1983. Und erst im Jahr 2005 wurde er im Kalender rot markiert und damit arbeitsfrei.

Plakat des Künstlers Gustaf Ankarcrona, 1916.

Schwedens Nationalfeiertag

Gebäck des Nationalfeiertages.

Zeremonie in Skansen beging. Das von ihm gewählte Datum, den 6. Juni, begründete er zum einen damit, dass an diesem Tag im Jahre 1523 Gustav Vasa auf dem Reichstag in Strängnäs zum König erkoren wurde – wodurch Schweden definitiv die Kalmarer Union mit Dänemark-Norwegen verließ. Zum anderen war der 6. Juni aber auch der Tag, an dem die Verfassung von 1809 unterzeichnet wurde, die Schluss machte mit der gustavianischen Alleinherrschaft und auf verschiedene Weise für den Beginn der Demokratisierung der schwedischen Staatsform steht. Der „Tag der schwedischen Flagge" blieb jedoch lange ein Skansen-Vergnügen mit begrenzter Reichweite und Aktualität.

Der Nationaltag – heute

Den Rang eines offiziellen Nationaltages erhielt der 6. Juni jedoch erst 1983. Zu beachten ist dabei, wie maßvoll sich der Nationalismus hier erweist, denn der Nationaltag war kein arbeitsfreier Tag. Das Flaggenfest mit Festreden, das vielerorts gefeiert wurde, verlegte man deshalb auf den Abend – genauso wie die königliche Flaggenausteilung auf Skansen. Den Charakter eines Volksfestes (wie zum Beispiel der norwegische Nationaltag am 17. Mai) hatten diese Feiern nie. Aber nur wenige Länder sind so reichlich mit privaten Fahnenstangen ausgerüstet wie Schweden, weshalb dort auch an anderen allgemeinen Flaggentagen, wie zum Beispiel Mittsommer, die blau-gelben Tücher in den meisten Gärten, vor Sommerhäusern, auf Hochhausbalkonen und Segelbooten flattern.

Die endgültige Proklamation des Nationaltages als „bürgerlicher Feiertag" (vgl. das Vorbild Erster Mai!), manifestiert durch rote Schrift im Kalender, erfolgte im Jahre 2005.

Unmittelbar darauf gelangte ein neuer, typisch schwedischer Diskussionsgegenstand auf die Tagesordnung: Sollte der neue Nationaltag nicht mit einem besonderen Nationalgericht gefeiert werden, einer imposanteren kulinarischen Köstlichkeit als dem übersüßen Gustav-Adolf-Kuchen im Novembernebel? Hatte Schweden denn kein gängiges „Nationalgericht" wie die Ungarn ihr Gulasch oder die Spanier ihre Paella?

König Carl XVI. Gustaf, Königin Silvia, Kronprinzessin Victoria und Prinzessin Madeleine am 6. Juni in schwedischer Nationaltracht.

Schwedens Nationalfeiertag

Mittsommer

Mittsommer

Midsommar

Von den Ländern Europas sind es heutzutage nur Schweden und Finnland, die Mittsommer so ausgiebig feiern, dass es für sie einen extra Feiertag zum Ausruhen nach durchwachter Mittsommernacht gibt. Aber der 24. Juni ist nichts desto weniger in großen Teilen der Christenheit ein Feiertag und ist dies seit mindestens 1500 Jahren gewesen – außerhalb Schwedens jedoch ohne Mittsommerbaum. Aus diesem Grund müssen wir uns zunächst dem Feiertag selbst widmen, um dann die Wurzeln unseres besonderen Brauchs aufzuspüren: dem mit Laub geschmückten Mittsommerbaum, der einen ganz anderen Ursprung hat.

Ein Freitag zwischen dem 19. und 25. Juni

Der Tag Johannes des Täufers

Der 24. Juni, der „richtige Mittsommertag", den die Schweden bis 1951 feierten, heißt im Kalender „Tag Johannes des Täufers". Diesen Namen trägt er in allen christlichen Ländern. „Mittsommertag" steht nunmehr über dem „rot" beschrifteten Sonnabend, der dem 24. Juni am nächsten liegt.

In fast ganz Europa – und stellenweise auch außerhalb unseres Kontinents – wird der Tag Johannes des Täufers auf ein und dieselbe Art gefeiert, nämlich mit Feuern draußen im Freien. Das erste bekannte Johannesfeuer wurde am Beginn des 6. Jahrhunderts in Tunis entfacht. Die Schweden sind von

Musikanten in Dalarna während der Mittsommerfeier.

Mittsommer

dieser Tradition nicht abgewichen. Aber – warum entzündet man Feuer zu Mittsommer?

Wahrscheinlich konnte sich der Brauch mit Hilfe der Kirche schon seit dem frühen Mittelalter verbreiten, und vielleicht haben ältere, vorchristliche Bräuche zu dieser Jahreszeit den Anstoß dazu gegeben. Anstelle heidnische Festbräuche zu verbieten, hat die mittelalterliche Kirche sie oft aufgegriffen und sie weiterleben lassen, nachdem sie einen anständigeren, christlichen Inhalt erhalten hatten, etwa indem sie mit der Verehrung eines Heiligen in Verbindung gebracht worden sind. An manchen Orten verwies man auf die Worte, die der Evangelist Matthäus Johannes in den Mund gelegt hat:„ ... der aber nach mir kommt, der wird euch mit dem heiligen Geist und Feuer taufen".

Wie auch immer es sich damit verhält – vermutlich gab es Mittsommerfeuer schon in vorchristlicher Zeit. Ihre wahrscheinliche Erklärung liegt in der Position des Mittsommertages im astronomischen Jahr : Am 21. oder 22. Juni ereignet sich die Sommersonnenwende. Dann erreicht die Sonne ihren höchsten Punkt im Jahreslauf, worauf die Tage dann wieder kürzer werden. In Kulturen, in denen der Sonnenkult gepflegt wird (und das sind viele), dürfte man die verschiedenen Positionen der Sonne während des Jahres beobachtet haben, da liegt es den primitiv magischen Denkhaltungen nahe, zur Sommersonnenwende die Sonne zu „verwöhnen", indem man draußen wärmende Feuer entzündet.

Einen großen Maibaum aufzurichten – er soll ja so hoch wie möglich sein – ist schwere Arbeit. Hier in Övre Gärdsjö bei Rättvik.

Mann und Frau aus Dalarna. Er (dalmas) in traditioneller Rättvikstracht, sie (dalkulla) in Volkstracht aus Boda. Gun-Britt und Artur Petters.

Der Mittsommerbaum – eine deutsche Geschichte

Der Mittsommerbaum hat auch eine lange Geschichte. Im Kapitel über den Ersten Mai wird vom „Maifeld" der Franken berichtet. Zu den Waffenspielen, die man dort ausübte, gehörte das Zielschießen mit Pfeil und Bogen auf

Mittsommer

eine an einer hohen Stange angebrachten Vogelabbildung, die man Papagei nannte – Gott allein weiß warum (in jedem Fall haben die Etymologen keine Antwort darauf). Solche Waffenübungen haben sich während des Mittelalters weiter nach Westeuropa verbreitet.

Bei seiner Ankunft im Norden im 13. Jahrhundert traf dieses Papageienschießen auf einen anderen Brauch mit alten Ahnen, und zwar den, an einem Tag im Mai das Haus mit jungem Grün zu schmücken (schwedisch „*maja*"): mit jungen Birkenzweigen, mit Laub und Blumen. Das Wort „maja" ist natürlich aus dem lateinischen Monatsnamen Maius abgeleitet, dem Monat, der dem Gott Jupiter Maius gewidmet war. Nun kleidete man auch die Papageienstange mit Blumen, Reisig und Blattgrün aus und schon war der Maibaum geschaffen. Als Erinnerung an das frühere Vogelschießen sitzt oft ein Hahn oder ein anderer Vogel auf der Spitze des deutschen Maibaumes.

Während des Mittelalters wanderten viele Deutsche nach Schweden ein, um die Naturreichtümer und Handelsmöglichkeiten zu nutzen, die die Schweden nicht selbst verwerteten. Sie ließen sich vor allem in den ostschwedischen Städten, im Bergslagen und rund um den Mälarsee nieder, um dann auf vielfältige Art Politik und Kultur zu dominieren. Natürlich brachten sie ihre deutschen Sitten und Bräuche in Bezug auf Feiertage und Feste mit, und die Schweden begannen, sie nachzuahmen. Eine große Zahl der populärsten schwedischen Traditionen stammt solchermaßen von den Deutschen. Was die Bräuche zum ersten Mai angeht, ließen sie sich auch in Schweden ohne weiteres anwenden, allerdings erwies es sich als nicht so leicht, zu dieser Jahreszeit Blumen und begrünte Zweige zu finden. Doch gab man deshalb den fröhlichen Brauch mit dem Maibaum nicht auf, sondern verschob ihn auf einen Zeitpunkt, da die Natur sehr viel mehr Schmuck aufzuweisen hat, nämlich auf Mittsommer. Aus diesem Grund heißt der schwedische Mittsommerbaum oft auch nach seiner deutschen Bezeichnung Maibaum.

Das Wort „Mittsommerbaum" wurde erstmals 1635 erwähnt, und als Erik Dahlberg in den 1660- und 1670er-Jahren

Mittsommertanz (Midsommardans) von Anders Zorn, 1897.

Nächste Seite: Mittsommer in Schweden, 2010.

Mittsommer

Erdbeeren sind das klassische Dessert am Mittsommerabend.

die Skizzen zu seinem Bildwerk „Das frühere und das gegenwärtige Schweden" (*Suecia Antiqua et Hodierna. Det forna och det nutida Sverige*) zeichnete, sah man auf den Stadtansichten gerade vom östlichen Schweden, wie die typischen Stangen über dem Horizont der Dächer hinausragen. Das lag nicht daran, dass Dahlberg besonders fleißig zu Mittsommer gezeichnet hätte, sondern beruhte darauf, dass die Mittsommerbäume damals – so wie stellenweise auch später noch, etwa in Dalarna – das ganze Jahr über stehen blieben.

Von den Städten und Gutshöfen Mittelschwedens breitete sich dann dieser Festbrauch auch weiter aufs Land aus, wo er schnell angenommen wurde, weil er nicht nur spektakulär, sondern auch leicht zu arrangieren war. Oft waren es die jungen Leute eines Ortes, die dafür Sorge trugen. Unter den Dörfern wetteiferte man um den höchsten und schönsten Maibaum.

Der Priesterschaft gefiel diese Art, einen christlichen Feiertag zu begehen, nicht. Auch die religiöse „Erweckung" des 19. Jahrhunderts war in diesem Sinne negativ. Viele der „permanenten" Mittsommerbäume wurden von den „Erlösten" gefällt. Doch zum Glück siegte die Vergnügungslust über die Langweiler, so dass ein schwedischer Festbrauch von internationalem Ruf weiterleben konnte.

Liebesorakel und helle Nächte

Wer zu Hause in den Einfamilien- und Reihenhaussiedlungen bleibt, versammelt sich am Mittsommerabend, um zusammen mit den Kindern den Mittsommerbaum auf dem Rasen zu schmücken und sich den Spielen und Umzügen mit ihnen zu widmen. Später am Abend ist es Zeit für das Vergnügen der Erwachsenen - im Garten, auf der Veranda oder im Vorzelt der Wohnwagen. In dieser hellen Nacht ist es eigentlich nicht schwer zu verstehen, dass die Idee der Mittsommerfeuer für diese Breitengrade ganz falsch ist.

Keine andere Nacht ist so sehr mit Liebesorakeln verbun-

Mittsommer

den wie diese. Jeder kennt bestimmt den Trick, Blumen unter das Kopfkissen zu legen, um von dem oder der Zukünftigen zu träumen, doch kann dies nicht auf irgendeine beliebige Art und Weise geschehen, wenn man ein sicheres Ergebnis wünscht.

Zu der Zeit, als Mädchen (denn es waren in der Tat nur junge Damen, die neugierig waren) dies sehr ernst nahmen, forderte die Tradition, dass man bestimmten Regeln folgte, die von Ort zu Ort variierten. So hieß es entweder, man müsse sieben oder neun Blumen von den Feldern ebenso vieler Höfe pflücken, oder aber, dass alle mit demselben Buchstaben beginnen sollten (wobei „v" eine gute Wahl war), oder aber, dass man sie zwischen Sonnenuntergang und Mitternacht pflücken müsse (was natürlich umso schwerer war, je weiter man nach Norden kam!). Machte man alles richtig, so würde man von seinem künftigen Bräutigam träumen. Doch konnte man auch Hinweise darauf erhalten, wie sich die künftige Ehe gestalten würde. Hatte man diesen Wunsch, so sollte man vor dem Zubettgehen drei Gläser auf den Nachttisch stellen, eines mit Wasser, eines mit Wein und eines mit Branntwein. Nun würde der Traumprinz eines der Gläser leeren, bevor man zu Ende geträumt hatte, so glaubte man. War es das Wasserglas, so erwartete einen ein solides, aber ein wenig tristes Eheleben, nahm er das Weinglas, erwiese sich die Ehe umso festlicher, aber wenn er den Schnaps hinuntergestürzt hatte, riskierte man, einen Trunkenbold zum Ehemann zu bekommen.

Doch alle, die an Heuschnupfen leiden, können wegen des ständigen Niesens und Schniefens nun überhaupt nicht schlafen. Zum Glück gibt es aber auch für sie Auswege. Eine beliebte Alternative zum Beispiel ist es, Traumhering zu essen. Unmittelbar bevor man sich hinlegt, sollte man einige davon verzehren, und zwar ungewässerten Salzhering mit Kopf, Flossen, Eingeweiden und allem. In den frühen Morgenstunden wird man dann ungemein durstig und sieht den künftigen Ehemann eine Erfrischung bringen. Jetzt hat man dieselbe Möglichkeit, sein Schicksal zu erahnen, je nachdem, welches Getränk er in das Glas füllt.

Für die Empfindlicheren gibt es eine weitere Methode: sie

Mittsommer

können Traumpfannkuchen essen. Dazu sollen drei Mädchen gemeinsam einen Teig aus Salz, Wasser und Mehl zubereiten, je ihren eigenen Pfannkuchen daraus backen und aufessen. Doch wird diese Methode dadurch erschwert, dass während der Zubereitung weder gesprochen, noch gelacht, noch gesungen werden darf. Dann funktioniert sie nämlich nicht. Diese Forderung dürfte von kichernden Teenagern jedoch kaum zu erfüllen sein.

Doch die Mittsommernacht birgt auch ihre Gefahren, vor allem für junge und unschuldige Mädchen, die sich von ihrer Mystik einfangen lassen. Der Mittsommertanz ist ja vor allem ein Fest der Jugend, und dazu gehört auch die Liebe. Früher hieß es an manchen Orten, dass ein junges Mädchen in der Mittsommernacht seinem Verlobten die Bitte, ihm auf den Schlafboden zu folgen, nicht abschlagen soll. So gibt es also eine Grundlage für den alten Reim: „Die Mittsommernacht ist nicht lang, setzt aber viele Wiegen zum Schaukeln in Gang."

Hering und Kartoffeln – Neuankömmlinge in dieser Tradition

Alle Feiertage haben ihre traditionellen Gerichte, mitunter recht altertümliche. Doch das Menü des modernen Mittsommerfestes mit Matjeshering und Frühkartoffeln, gefolgt von Erdbeeren und Eis, ist nicht besonders alt. In älterer Zeit feierte man diesen Tag mit Sauermilch und gelaugtem Fisch. Sicher gab es keinen Mangel an Hering, im Gegenteil, doch in einer Zeit, da man gesalzenen Hering als tägliche Speise das ganze Jahr über aß, schwebte über ihm nicht gerade ein Glorienschein von Feststimmung. Auf Sauermilch musste man dagegen im Winter verzichten, denn dann gab es keine Milch, weil die Kühe trocken standen. So empfand man es als besonders feierlich, wenn man auf's Neue mit der Dickmilch Bekanntschaft schließen konnte. Gelaugter Fisch war nicht nur ein Festmahl zu Weihnachten, sondern auch zu Hochzeiten und Beerdigungen, ganz unabhängig von der Jahreszeit. Es war das „edle" Essen, dass dem Fest seinen Status verlieh,

Mittsommer

denn man musste es in Geschäften in der Stadt kaufen – diese „gekauften Lebensmittel" konnte man sich für den Alltag nicht leisten.

Dass man Frühkartoffeln essen würde, war unter gewöhnlichen Menschen früher völlig ausgeschlossen, man hielt dies für Verschwendung der Gaben Gottes in einer Zeit, da Missernten das Land heimsuchen konnten. Also grub man die Kartoffeln erst aus, als sie so groß wie möglich waren. Sie nur pflaumengroß zu essen, galt als schwere Sünde. Nein, die heutigen Mittsommerorgien sind ganz sicher Kinder einer Zeit, in der man nicht in diesen Bahnen dachte. ✝

Hering, frische Kartoffeln und Schnaps.

Krebsessen

Krebsessen

Kräftskivor

Der delikate Krebs wird entdeckt

Eine der frühesten schwedischen Notizen über Krebse ist ein Rezept aus dem Jahre 1522, worin Bischof Peder Månsson, der erste eigentliche Wissenschaftler Schwedens, in Branntwein aufgelöste Krebse als Mittel gegen die Cholera empfahl. Der weltberühmte Naturforscher Carl von Linné warnte grundsätzlich vor dem Verzehr von Schalentieren. Aus verschiedenen Notizen in seinen Werken geht deutlich hervor, dass er allergisch auf Schalentiere reagierte und Nesselfieber bekam, wenn er sie aß. Begreiflicherweise veranlasste ihn dies, diese Gabe der Natur als wenig menschenfreundliche Speise abzustempeln.

Zum Glück hatte er damit kaum Erfolg – die Schweden des 18. Jahrhunderts, die der Kategorie angehörten, die man „Herrschaft" nannte, liebten Schalentiere und waren ganz bestimmt nicht gesinnt, auf sie zu verzichten. Der Enthusiasmus, den die Oberschicht in dieser Zeit für Krebse hegte, war keine Modeerscheinung, sondern resultierte aus den veränderten Essgewohnheiten, die die Renaissance mit sich gebracht hatte und die die französische Küche später verfeinerte. So wurde die Krebsfischerei allmählich eine wichtige zusätz-

August

Üppig mit Krebsen gefüllte Schüssel und der obligatorische Schnaps.

Nächste Seite: Dieses klassische schwedische Idyll „Krebsfischen" (Kräftfisket), gemalt von Carl Larsson 1894, zeigt das Krebsessen, ein Spätsommerfest, das damals wie heute in den Schärengärten, aber auch im Schoße der Familie am eigenen Krebs gefüllten See gefeiert wird.

Krebsessen

liche Einkommensquelle für manch schwedischen Ort, doch sollte man nicht denken, dass die Landbevölkerung selbst aß, was sie fing. Nein, Krebse waren Herrschaftsessen ebenso wie Pilze und damit basta.

Nun ist der nordeuropäische „Edelkrebs" seinen kontinentalen Verwandten im Aroma klar überlegen, und deshalb wurde er mit der Zeit auch eine bedeutende Exportware. Besonders vom Hjälmaren, einem großen See zwischen Örebro und Eskilstuna, wurden unter anderem deutschen Luxusrestaurants tonnenweise eingesalzene Krebsschwänze geschickt, so dass der Kochbuchautor Charles Emil Hagdahl in den 1870er-Jahren befürchtete, der schwedische Krebs könnte überfischt werden. Er ahnte nicht, wie Recht er hatte. Es ist traurig, daran zu denken, wie eine unserer besten kulinarischen Ressourcen beinahe ausgerottet wurde, auch wenn dabei die Krebspest eine größere Rolle spielte als die Reusen. Vor hundert Jahren war Schweden Europas führender Exporteur von Krebsen, heute sind wir die größten Importeure und tragen dazu bei, dass die Krebse nach und nach auch in jenen neuen Ländern bedroht sind, an die wir uns nun wenden, um unseren einzigartigen Krebshunger zu stillen.

Eine schwedische Tradition wird geschaffen

All dies möge den Leser aber nicht glauben lassen, das schwedische Volk habe seit dem 16. Jahrhundert Krebspartys mit Schnaps und lustigen Mützen im Schein lachender Papiermondlaternen gefeiert – im Gegenteil. Und wenn man in älterer Zeit Krebse au naturel aß, so waren sie in der Regel frisch gekocht und warm.

Heute gibt es nicht sehr viele Schweden, die ahnen, welche Delikatesse ihnen damit entgeht. Irgendwann im 18. oder 19. Jahrhundert veränderten die Schweden die Esstemperatur ihrer Krebse. So entstand im Zusammenhang mit der Sommerhaus- und Schärengartenromantik des späten 19. Jahrhunderts (unter denen, die die nötigen Mittel besaßen) das typische schwedische Krebsessen mit seinen Beilagen und

Krebsessen

reichlich Schnäpsen.

In älterer Zeit verzehrte man Krebs nicht vornehmlich im August, es gab sie das ganze Jahr über. Doch als man begann, große Mengen zu fischen (so fing man bis zu 5 Millionen Krebse pro Jahr im Hjälmaren!) wurde es Zeit, das begehrte Gut vor Ausrottung zu schützen, besonders während der Zeit des Schalenwechsels und der Aufzucht der Jungkrebse. Im Laufe des 19. Jahrhunderts wurden zunächst in einzelnen Provinzen Verordnungen erlassen, die die Krebsfischerei im allgemeinen von April bis August verboten. Dies wurde allmählich auf Reichsebene ausgedehnt und das Verbot auf die Zeit vom 1. November bis zum 8. August fixiert. Bis vor wenigen Jahren war diese Bestimmung noch gültig. Auf diese Weise schufen die Behörden ein für alle Mal die Grundlage für eine Festlichkeit und das Schwedischste des Schwedischen – den Maibaum nicht ausgenommen –, nämlich das Premierekrebsessen Anfang August. Auch wenn man heute wieder das ganze Jahr über Krebse bekommt, zumindest tiefgefroren, mögen sich doch die meisten Schweden diese Delikatesse nur als den kulinarischen Höhepunkt des August vorstellen. Nun ist es in der Tat etwas kurios, etwas so Fürchterlichem wie der Bürokratie ein Lob auszusprechen. Doch Ehre, wem Ehre gebührt – auch in diesem Fall.

Nächste Seite: Der Herbst naht.

Gegorene-Strömlinge-Tag

Surströmmingsdagen

3. Donnerstag im August

Wenn ein Däne begründen soll, warum er die Schweden für ein barbarisches Volk hält, verweist er gern auf die gegorenen Miniheringe oder Strömlinge (*surströmming*) und den gelaugten Fisch oder Stockfisch. Ein Finne begnügt sich in derselben Situation mit der erstgenannten Delikatesse, denn der östliche Nachbar Schwedens achtet den Stockfisch gewiss nicht gering.

Vorsichtig zu öffnen!

Gegorener Hering – den man entweder liebt oder hasst, tertium non datur – durchläuft nach leichtem Salzen dieselbe Gärungsprozedur wie der ursprüngliche leicht gepökelte Lachs (*gravlax*) und der norwegische gegorene Fisch (*rakfisk,*), hier besonders die gegorene Lachsforelle (*rakörret*). Sobald die Gärung begonnen hat, muss der Hering über sechs bis sieben Wochen kühl stehen und ist erst dann fertig zum Verzehr. Heute wird gegorener Strömling, wie die kleinen Heringe genannt werden, hauptsächlich in Dosen gekauft. Sie werden jetzt überwiegend in Ulvöhamn auf Norra Ulvön an der Höga-

Gegorene Strömlinge (surströmming) haben ihre eigene Briefmarke bekommen.

Gegorene-Strömlinge-Tag

Küste von Ångermanland produziert.

Die Herstellung gegorenen Fischs ist regionales Relikt einer uralten Konservierungsmethode. In Finnland ist sie bereits ganz verschwunden, doch dass es sie auch dort gab, bezeugt u.a. Carl von Linné im 18. Jahrhundert. Ein weiteres Indiz ist der wohlbekannte finnische gegorene Hering oder *sursill*. Zur selben Familie gehört natürlich auch der isländische gegorene Hai.

In Schweden wurden gegorene Strömlinge lange Zeit nicht vor dem dritten Donnerstag im August verkauft. Wie für die Krebse gilt auch hier, dass die meisten Enthusiasten für dieses altertümliche Gericht den richtigen Tag abwarten, bevor sie (vorsichtig!) den Dosenöffner an die ausgebeulten Dosen setzen. Noch immer sind es vor allem die Nordschweden, die *Norrlänningar,* die es verstehen, das besondere Aroma genügend zu schätzen.

Surströmming wird mit dünnem Knäckebrot (tunnbröd), Kartoffeln, Saurer Sahne oder Schmand (gräddfil) und roten Zwiebeln gegessen.

Surströmming wird heutzutage nahezu ausschließlich in Dosen gekauft. Er wird vor allem auf Norra Ulvön an der Höga-Küste in Ångermanland produziert.

Tunnbröd wird in traditionellen Holzbacköfen gebacken.

St. Michaels-Tag – Erntezeit

St. Michaels-Tag – Erntezeit

Mickelsmäss

Wenn der Sommer zu Ende ist, beginnt eine an Feiertagen und Festen arme Periode. Dies hängt sicher damit zusammen, dass sie früher von schweren und langwierigen Arbeiten in der Landwirtschaft angefüllt war, die in Schweden lange Zeit von der Mehrheit der Bevölkerung ausgeübt wurden: Heumahd und Ernte, Dreschen und Schlachten, Flachsgewinnung und Zubereitung von Butter und Käse, Brot und Getränken. Das bedeutete nicht, dass Sommer und Herbst Freudenanlässe und Lichtblicke vermissen ließen, doch waren diese nicht durch den Kalender des Kirchenjahres, sondern durch den des Arbeitsjahres bedingt. Im Zusammenhang mit der Erntezeit und dem St. Michaels-Tag oder der Michaelsmesse erhielten alle auf dem Hof Beschäftigten das Recht auf eine „Freiwoche" und es wurde ihnen auch der Jahreslohn ausgezahlt. So ist es kein Zufall, dass die Zahl der Märkte in den Monaten um den St. Michaels-Tag ihren Höhepunkt erreichte – jetzt war recht viel Geld im Umlauf!

Die uralte Tradition der „Arbeitsfeste" ist heutzutage nahezu ausgestorben. Die schwedische Lebensmittelindustrie hat lange versucht, dies zu ändern. Man glaubte, dass in dieser Jahreszeit ein Fest des Essens fehlte und lanciert nunmehr seit vielen Jahren den St. Michaels-Tag am 29. September als ein Erntefest mit einem reichen Angebot an Esswaren.

29. September

Die Äpfel werden im September geerntet, wenn die Waldpreiselbeeren reif sind.

Allerheiligen und Allerseelen

Allerheiligen und Allerseelen

Alla helgons dag

Im 8. Jahrhundert begann die römisch-katholische Kirche am 1. November für alle Heiligen und Märtyrer ein Fest zu feiern, und sie tut dies auch heute noch.

Ein Sonnabend zwischen dem 31. Oktober und dem 6. November

Ein eigener Tag für die Heiligen

Es gibt eine große Zahl Heiliger von unterschiedlicher Dignität, nicht alle konnten einen eigenen Namenstag im Kalender bekommen. An Allerheiligen feiert man also die gesamte Heiligenschar, sowohl große Heilige als auch kleine. Obwohl die lutherische schwedische Kirche nach der Reformation im 16. Jahrhundert nichts von Heiligenverehrung wissen wollte, behielt man doch Allerheiligen als einen Tag im Kirchenjahr bei, und dies sogar als Feiertag. Er war es noch 1772, als König Gustav III. ihn auf den Sonntag nach dem 1. November verschob, der dann also Allerheiligen wurde.

1953 fanden sowohl die Kirchenversammlung als auch der Reichstag, dass die Schweden zwischen Mittsommer und Weihnachten zu wenige Feiertage hätten, tatsächlich keinen einzigen. Um hier eine bessere Balance zu erlangen, schob man

Schon am Ende des 12. Jahrhunderts feierte man in Schweden Allerseelen. Man gedachte der verstorbenen Familienmitglieder und betete für ihre Seelen. Das Schmücken der Gräber mit Grablichtern und Kränzen an Allerheiligen ist eine Sitte, die in Schweden erst später von den katholischen Ländern übernommen wurde.

Allerheiligen und Allerseelen

Allerheiligen als einen neu-alten kirchlichen Herbstfeiertag wieder zurück, und zwar auf den ersten Sonnabend nach dem 31. Oktober. Dennoch behielt man aber den 1. November unter dem Namen „Allerheiligen" im Kalender bei. Dieses ursprüngliche Allerheiligen ist nun aber ein ganz gewöhnlicher Wochentag.

Doch damit nicht genug. Der Abt Odilo des berühmten Klosters Cluny in Burgund überlegte im Jahre 998, man könnte den folgenden Tag, den 2. November, dem Gedenken an alle verstorbenen Mitglieder der Familie widmen und für deren Seelenheil und das anderer Verstorbener Gebete sprechen. Wir wissen, dass man diesen Tag in Schweden seit dem Ende des 12. Jahrhunderts beging. Während der Reformation im 16. Jahrhundert haben die Schweden dann Allerseelen aus dem Kirchenjahr gestrichen, doch seine deutliche Anknüpfung an die Toten und damit an die Seelen hat selbstverständlich die Entstehung späterer Traditionen dieses Doppelfeiertages beeinflusst. In der Schwedischen Kirche hat man denn auch die Idee des Allerseelentages wiederbelebt, denn die Verstorbenen sind Thema des Gottesdienstes am Sonntag nach Allerheiligen laut einem kirchlichen Beschluss von 1983.

Skelette, Geister und Gespenster

Um das Bild zu vervollständigen, müssen wir jedoch das Heidentum ein wenig mehr in Betracht ziehen. Bei den alten Britanniern, dem keltischen Volk, das am Beginn unserer Zeitrechnung in England lebte, galt der 31. Oktober als letzter Tag des Sommers. In dieser Nacht, so glaubten sie, trieben böse Wesen, nicht zuletzt Gespenster, ihr Unwesen, und deshalb entzündeten sie im Freien Feuer, um diesen Unfug zu vertreiben. Diesen Brauch übernahmen die Angeln und Sachsen, die im 6. Jahrhundert von Norddeutschland und Dänemark nach England eingewandert waren und die Kelten vertrieben hatten. Daraus entwickelten sich mit der Zeit die englischen

Allerheiligen und Allerseelen

Kinderstreiche, die heute darin bestehen, aus einem ausgehölten Kürbis – früher aus einer Steckrübe – ein Geisterlicht zu machen, das wie ein Totenschädel aussah. An Halloween, das ist das englische Wort „Heiligenabend", dem Abend vor Allerheiligen, gehen die Kinder von Hof zu Hof und schreien „Trick or treat!", d.h. sie führen eine Form der Erpressung aus, die auf Süßigkeiten oder Bares zielt. Als Dank für die Gaben singen die Kinder ein kleines Liedchen. Diesen Brauch nahmen die Engländer mit nach Amerika, und von dort übernahmen es die Schweden vor einigen Jahren als neuen Volksbrauch. Die Idee selbst, eine Totenkopfmaske zu schnitzen und ein Licht hineinzusetzen, gab es in Schonen, im südlichen Schweden, schon hundert Jahre früher, doch da mit Zuckerrüben als Material und ohne Erpressungsversuche.

Lichter für die Toten

Doch gibt es auch einen ernsteren und schöneren Brauch an Allerheiligen, und zwar den, die Gräber der verstorbenen Verwandten mit Tannenzweigen und Kränzen zu schmücken und ein Grablicht aufzustellen – einen Brauch, den wir vor einem Menschalter von den katholischen Ländern übernommen haben. Am Anfang hielten rechtgläubig-protestantische schwedische Pfarrer nicht besonders viel von diesem katholischen Brauch, der sich aber nichtsdestoweniger schnell im Land verbreitete, nicht zuletzt mit Hilfe der Massenmedien und der Eisenwarenhändler, die Grableuchter verkaufen wollten. Die Grablichtsitte war nicht ganz neu, denn sie wurde früher schon zu Weihnachten ausgeübt, doch jetzt hielt man Allerheiligen vielerorts für den richtigen Tag. Zuletzt haben auch die Kirchen eine Variante dieses Lichtbrauchs aufgenommen: Während eines Gedenkgottesdienstes entzündet man in vielen Kirchen für jedes Mitglied der Gemeinde, das während des Jahres verstorben ist, eine Kerze. Dies führt viele Menschen an diesem Tag in die Kirchen.

Vatertag

Fars dag

Der 2. Sonntag im November

Der Vatertag ist wie der Muttertag aus den USA übernommen und hat seine Wurzeln vermutlich im Staat Washington. Dort soll im Jahr 1910 eine Mrs. Dodd ein Inserat zu Ehren ihres Vaters aufgegeben haben, der bereits in jungen Jahren seine Frau verloren und als Witwer sieben Kinder aufzuziehen hatte.

Ein Schlips für Papa

Das Feiern des Vatertages ist also, wenn diese Angabe stimmt, nur unbedeutend jünger als die modernen Formen des Muttertags. Nach Schweden kam dieser neue „Tag" 1931, etwa zur selben Zeit wie in den anderen nordischen Ländern. 1949 wurde nach guter skandinavischer Sitte und auf Initiative des Kaufmannsverbandes ein internordisches Komitee eingesetzt mit dem Auftrag, das beste Datum für ein gemeinsames nordisches Feiern des Vatertages zu ermitteln. Es schlug den zweiten Sonntag im November vor, aber wie die meisten solcher Koordinationsversuche strandete auch dieser. Die Schweden haben jedoch an dem vereinbarten Datum festgehalten, an dem nun die Ehefrau und die Kinder, indem sie dem Vater am Morgen Kaffee servieren, ein wenig Licht in die Herbstdunkelheit bringen. Auch ein Blumenstrauß am Grab eines verstorbenen Vaters gehört in manchen Familien zu dieser Tradition.

Der Schlips ist ein typisches Vatertags-Geschenk.

Vatertag

Das beliebteste Vatertagsgeschenk ist in Schweden ein Schlips, und die Herrenausstatter füllen ihre Regale entsprechend auf. Doch Krawatten sind heutzutage teuer, so dass jüngere Kinder, die ihrem Vater gratulieren wollen, stattdessen eine „Vatertagskarte" wählen. Eine Zeit lang glaubte man, der Vatertag sei nicht zeitgemäß und ein nahezu asoziales Phänomen in einer Kultur, in der viele Kinder in unvollständigen Familien leben, in denen es meist der Vater ist, der im Alltagsleben fehlt. Nichts desto trotz berichten die Papierwarenhändler, dass jedes Jahr mehr Vatertagskarten verkauft werden. Der Vatertag hat nie die gleiche Popularität wie der Muttertag erlangt.

„November ist sehr lang und grau". Illustration von Birger Lundqvist, 1947.

Martinstag

Mårten

11. November

Bereits im Mittelalter ist die Verknüpfung von Martinsfeiern und Gänsen inspiriert von den Legenden um Bischof Martin von Tours – gestorben am 9. November 397 und beerdigt am 11. November, der schließlich sein Namenstag wurde. Es heißt, Martin sei ein römischer Soldat gewesen, der zu einem christlichen Eremit geworden war und den die Einwohner von Tours zu ihrem Bischof machen wollten. Martin selbst hatte daran nicht das gleiche Interesse wie sie, und so versteckte er sich gemäß der Sage unter den Gänsen, um dem Volk und dessen Forderung zu entgehen. Das Geschnatter der Gänse verriet ihn jedoch und Martin wurde Bischof. Als eine Art Bestrafung der illoyalen Gänse werden sie seither zum Martinstag gegessen – so behauptet jedenfalls die Legende.

Die Gans ist so etwas wie ein Symbol der Provinz Schonen in Südschweden und die gebratene Gans ihr „Landesgericht". Der Zeichner Bertil Lybeck illustrierte 1931 den Schonen-Knirps Nils Holgersson, der in Selma Lagerlöfs Geschichte auf dem Rücken eines Gänserichs über ganz Schweden fliegt.

Es gibt zahlreiche Belege dafür, dass das kontinentale Gänseessen zur Martinsmesse sehr alte Ursprünge hat, bereits 1171 taucht die erste Martinsgans aus dem Ententeich der Geschichte auf. Kurz darauf verzeichnen wir die bis jetzt größte historische Leistung der Martinsgans. Am Martinstag 1179 wurde die Stadt Joppe in Palästina von muslimischen Sarazenen belagert. In der Stadt befanden sich französische Kreuzritter, die mutig die Burg gegen die „Heiden" verteidigten. Doch keinesfalls wollten sie auf die Martinsfeier verzichten. Sie feierten den Martinstag so sehr, dass die Feinde, die sehr wohl

Martinstag

Martinstag

den christlichen Heiligenkalender kannten, Joppe in den frühen Morgenstunden stürmen und die Fahne des Islam praktisch ohne einen Schwerthieb über den Türmen und Zinnen der Burg hissen konnten.

Die Martinsgans kommt nach Norden

Während des Mittelalters verbreitete sich die Martinsgans über Frankreich nach Deutschland, und die Deutschen waren es, die in der Renaissance dafür sorgten, dass die Martinsfeiern blühten und die sie weiter nach Norden beförderten. Die Dänen und somit auch die Schonen waren die ersten, die das neue Herbstfest annahmen und es seit Ende des 15. Jahrhunderts feiern.

Es dauerte auch nicht lange, bis die Schweden das Gänseessen zum Martinstag akzeptierten. Der erste Beleg stammt aus dem Jahr 1557. Es waren vor allem die mit Bratspießen ausgestatteten Schloss- und Gutshofküchen, in denen ganze gebratene Gänse zubereitet werden konnten. Die Stadtbewohner konnten ihre Gänse zum Braten in die Öfen der Bäckereien geben, wo sie die Restwärme nach dem Brotbacken nutzten. Und die Bauern? Sie behandelten ihre geschlachteten Gänse genau wie jedes andere Schlachtfleisch: Sie zerteilten sie und legten sie in Salz ein. Dann nahm man nach Bedarf, was man aus dem Gänsevorratskübel benötigte, und kochte das Gänsefleisch. Daraus entsprang die andere Variante der Gänsezubereitung in unserem Land, die gepökelte Gans, die man das ganze Jahr über essen konnte und die mit Meerrettichsoße serviert wird.

Erst um die Mitte des 19. Jahrhunderts begann die Landbevölkerung in Schonen und im südlichen Schweden zum Martinstag gebratene Gans zu essen.

Martinstag

Gänsedelikatessen aus anderen Provinzen

Das „klassische schonische" Gänsemenü, das mit Schwarz – oder Blutsuppe (Svartsoppa) eingeleitet und mit Apfelkuchen oder „Spettkaka", einer Art Baumkuchen, beendet wird, wurde – man höre und staune – im Restaurant Piperska Muren in Stockholm, genau gegenüber dem Rathaus, zu Beginn der 1850er-Jahre kreiert. Die traditionelle Schwarz- oder Blutsuppe wurde dagegen bereits am Beginn des 16. Jahrhunderts von Bischof „Lappen" Brask in Linköping gegessen, und das älteste Rezept für den sogenannten Schonischen Apfelkuchen aus geriebenem Brot und Apfelmus stammt vom Stolz Örebros, der Haushälterin und Kochbuchautorin Cajsa Warg, aus der Mitte des 18. Jahrhunderts. Hinzuzufügen ist, dass der berühmte „Spettkaka" seine schwedische Laufbahn im 17. Jahrhundert in Stockholm begann, dorthin gelangt aus dem Baltikum oder möglicherweise aus Deutschland.

Nach diesen Enthüllungen muss ich mir wohl einen falschen Bart aufsetzen, bevor ich mich je wieder auf das Terrain der Gastronomie Schonens wage.

Spettkaka, eine Art Baumkuchen.

Advent

Advent

Advent

Von den vier Adventssonntagen weckt eigentlich nur der erste allgemeine Aufmerksamkeit. Danach ziehen die Weihnachtsschaufenster ein größeres Interesse auf sich.

Komischerweise ist der Advent – das Wort ist lateinisch und bedeutet „Ankunft", gemeint ist Christi Ankunft – streng genommen älter als Weihnachten, jedenfalls wenn man darunter das Adventsfasten der katholischen Kirche versteht. Schon bevor man sich entschied, den Geburtstag Christi am 25. Dezember zu feiern, gab es nämlich sowohl in der Ost- als auch in der Westkirche ein „Epiphaniasfasten", d.h. ein Fasten als Vorbereitung auf die Taufe Jesu und sein Erscheinen als Sohn Gottes an Epiphanias, jenem Tag der heute Dreikönigstag genannt wird. Dieses Fasten ist seit dem 4. Jahrhundert bekannt. Im 5. und 6. Jahrhundert verdrängt der Weihnachtstag – in der westlichen Kirche – dann immer mehr das Interesse am Epiphaniastag und übernimmt dessen Fasten. Dies wird im Jahre 480 festgelegt, und nach einem gewissen Schwanken wird das Adventsfasten und damit unsere heutige Adventszeit auf vier Wochen festgesetzt.

Später scheint das Advents- und Weihnachtsfasten weiter verkürzt worden zu sein und wurde erst mit dem Sonnenaufgang am 13. Dezember, dem Luciatag, eingeleitet. So trug es zur Ausgestaltung des opulenten Frühstücks dieses Tages bei.

4 Sonntage vor Weihnachten

Advent

Schwedischer Advent

In der älteren schwedischen Volkstumstradition spielt der Advent als eine kirchliche Angelegenheit eine sehr untergeordnete Rolle. Doch mit Feiertagen ist es wie mit vielem anderen: Ihre Popularität ist wechselhaft, ohne dass man eigentlich erklären kann, warum. Um 1900 war das Interesse, Advent zu feiern, äußerst schwach. Doch im Laufe des 20. Jahrhunderts hat sich dies geändert, und der erste Advent wurde von den 1920er Jahren an einer der wichtigsten Kirchentage des Jahres, in einigen Städten schlichtweg der wichtigste.

Schwedische Theologen haben viel darüber gegrübelt, warum die Adventsfeier einen so markanten Aufschwung erfuhr. Sie stimmten nicht so gern der Auffassung zu, dass dies darauf beruht, sich schon im Voraus Weihnachtsfreuden zu gönnen, oder auf der Tatsache, dass der erste Advent vielerorts auch der erste Sonntag mit weihnachtlich dekorierten Schaufenstern ist. Doch gewiss haben diese Umstände dazu beigetragen! Als die Schweden das System der Selbstversorgung, in dem jeder Haushalt selbst produzierte, was seine Angehörigen benötigten, aufgaben, bedeutete dies, dass die alten auf einem Hof üblichen Weihnachtsvorbereitungen durch Einkäufe bei Händlern und in Geschäften ersetzt wurden. Es hat sicher seine Berechtigung, wenn man geringschätzig von der Kommerzialisierung des Weihnachtsfestes spricht, doch niemand wird wohl verneinen können, dass die Straßen- und Fensterdekorationen der Geschäfte diesen Dezemberwochen ein festliches Gepräge geben. Und in diesen Zusammenhang lässt sich auch der spezielle Charakter des Advent als Vorbote der frohen und ersehnten Weihnacht einordnen.

Adventslicht, Adventstanne und Adventskranz

Irgendwann in den 1870er-Jahren versammelten die Diakonissen der Anstalt von Ersta außerhalb Stockholms die Kinder ihres Kinderheimes in der Nachmittagsdämmerung des er-

Advent

sten Adventssonntags zu einer kleinen Feierstunde in der Kirche. Sieben Kinder traten vor an einen Tisch im Chorraum und entzündeten jedes sein Licht im Tannenbaum. Während des Gottesdienstes am darauf folgenden Sonntag brannten bereits diese sieben Lichter in der Tanne, und sieben Kinder entzündeten neue. Auf die gleiche Weise verfuhr man am dritten und vierten Adventssonntag.

Damit hatte die Diakonissenanstalt einen neuen feierlichen Brauch in Schweden eingeführt, die Adventstanne, die mit der Zeit verschiedenste Variationen erfahren sollte. Dass dieser Brauch aus Deutschland stammte, ist ganz eindeutig, denn die Veranstalterinnen von Ersta haben erzählt, dass sie die Idee aus der Kaiserswerther Diakonissenanstalt in Düsseldorf übernommen haben.

Ganz offensichtlich lag diese Idee in der Zeit, denn in den 1870er-Jahren hatte sich das Aufstellen und Schmücken einer Weihnachtstanne unter anderem in Kirchen, Kasernen, Altersheimen und Schulen allmählich durchgesetzt. Für jeden Tag im Advent ein weiteres Kerzenlicht anzuzünden, war jedoch neu.

Heute kennen die Schweden hauptsächlich die vier Adventslichter in ihrem Leuchter, der in dieselbe Tradition gehört. Entweder brennt er daheim, auf der Kanzel, im Klassenzimmer oder auf dem TV-Bildschirm. Aber so unmittelbar lässt sich der moderne Brauch nicht aus dem alten herleiten. Der erste, der diesen Brauch mit den vier Adventslichtern erwähnte, war Erzbischof Nathan Söderblom im Jahre 1896. Seine Tochter, die spätere Erzbischöfin Brilioth, hat ebenfalls erzählt, dass es diesen Brauch in ihrem Elternhaus gegeben hat, und sie fügte hinzu, dass man dort

Advent

die Lichter in einen Wachholderstrauch setzte, was der Adventstanne von Ersta, mit der der Erzbischof vertraut gewesen war, einen Tick näher kommt.

Eine weitere Form des Adventslichts ist der Adventskranz, ein Ring mit vier Lichtern, um den verschiedenes Wintergrün gewunden ist. Auch er kommt aus Deutschland, wo er vor allem in den Städten während der 1920er- und 1930er-Jahre populär wurde. Sicher ist die Adventstanne die ursprünglichste dieser einander verwandten Bräuche, dann so vereinfacht, dass nur noch ein Licht für jeden Adventssonntag brennt anstelle der 28 Lichter, die am vierten Adventssonntag in der Adventstanne strahlten.

Der Adventskalender

Die Geschichte des Adventskalenders beginnt irgendwann am Ende des 19. Jahrhunderts mit einem kleinen deutschen Jungen namens Gerhard Lang, der in den Wochen vor Weihnachten dauernd seine Mutter fragte, wie lange es denn noch bis Heiligabend sei. Da hatte sie die Idee, am 1. Dezember 24 kleine Küchlein zu backen, die sie auf einem Papier auslegte, welches sie mit den Ziffern 1 bis 24 beschrieb. Dann durfte der kleine Gerhard jeden Tag einen dieser Kekse essen und konnte dann selbst zählen, wie viele Kekse, also Tage, noch übrig waren.

Dann war Gerhard eines Tages Geschäftsmann geworden und erinnerte sich an die geniale Methode seiner Mutter, wie man im Dezember Kindergequengel vermeidet. Er setzte voraus, dass sich auch ande-

Der erste schwedische Adventskalender wurde von Aina Stenberg-Masolle gezeichnet und kam 1932 heraus. Stenberg-Masolle zeichnete bis 1964 Adventskalender.

Advent

re Mütter in einer solchen Situation befanden und erkannte, dass dies etwas war, womit man Geld verdienen konnte. Also konstruierte er um 1920 den ersten Adventskalender, der aus zwei Papierbögen bestand. Der eine enthielt Bilder zum Ausschneiden und der andere nummerierte Flächen, auf die man die Bilder klebte. Der Erfolg war unerwartet groß. Und Gerhard Lang erfand schnell ein besseres Modell: eines mit Türchen und dahinter liegenden Bildern, wie es uns am besten vertraut ist. Schließlich kam die geschäftlich ertragreichste Variante heraus, der dreidimensionale Kalender, hinter dessen Türchen man Dinge legen konnte, und für den man deshalb sehr viel mehr bezahlen musste. Allmählich aber erhielten Langs Kalender so merkwürdige und komplizierte Mechanismen, dass die Leute sie für zu teuer hielten und sie nicht länger kauften. Und so ging Herr Lang in Konkurs. Aber da war der Adventskalender längst ein allgemein anerkannter Weihnachtsartikel, der bald die ganze Welt erobern sollte.

Henny Strömman hatte den Brauch mit den Adventskalendern in Deutschland kennengelernt. Als sie die Leitung des Schwedischen Pfadfinderinnenverbandes übernommen hatte, der neuer Einnahmequellen bedurfte, kam sie auf den Gedanken, dass es in Schweden an solchen Spielsachen mangelt. Da wandte sie sich an die Künstlerin Aina Stenberg-MasOlle, bekannt für Hunderte Weihnachtspostkarten, die auf dem ersten schwedischen Adventskalender ihren eigenen Hof in Dalarna abgebildet haben soll. Er kam zu Weihnachten 1932 mit 10 000 Exemplaren heraus, die mit einer solchen Geschwindigkeit verkauft wurden, dass die Künstlerin noch bis 1964 fortfuhr, jährlich diese Kalender zu kreieren. Bis dahin waren Adventskalender in Schweden fest etabliert und die Pfadfinderinnen hatten Konkurrenz bekommen. Die schärfste Konkurrenz fanden sie in Schwedens Radio, das 1957 auf die Idee kam, einen Kalender mit einem Radioprogramm zu verknüpfen. 1961 war das Fernsehen bereit, das Radio nachzuahmen. Schon 1962 verkaufte man 360 000 Kalender. Auch wenn Advent ein kirchlicher Begriff war, wurden doch diese TV-Kalender mit der Zeit immer profaner, und 1972 änderte man den Programmtitel von Adventskalender zu Weihnachtskalender.

Advent

Der Adventsstern

In Sachsen gab es in den 1880er-Jahren eine Internatsschule für Missionarskinder, wo ein Lehrer auf den Gedanken kam, zusammen mit seinen Schülern eine Art Papierstern zu basteln, in dessen Innerem eine Lampe Platz fand. Damit sollte während der Adventszeit die Schule geschmückt werden.

In der Stadt Herrnhut sah ein Papier- und Missionsbuchhändler solche Sterne auf dem Schloss und erkannte ihre kommerziellen Möglichkeiten. Er konstruierte nach ihrem Vorbild einen montierbaren Stern mit abnehmbaren Spitzen, wodurch sowohl der Vertrieb des Sterns als auch seine Aufbewahrung von Weihnachten zu Weihnachten erleichtert wurden. Lichtquelle war eine kleine Fotogen- oder Öllampe, doch mit der Zeit wurde sie durch eine Glühlampe ersetzt. Der Stern erwies sich als leicht verkäuflich und in der Regie des Buchladens entwickelte sich nun eine Heimarbeitsindustrie, die ihre Sterne recht bald weit über den Herrnhuter Kreis hinaus absetzen konnte.

Nach dem Ersten Weltkrieg erfand der Sohn dieses Buchhändlers einen neuen Typ Stern, den man zusammenfalten konnte, so dass er kaum Platz benötigte. Während die älteren Sterne eher unter einen Kronleuchter oder in eine Türöffnung gehängt werden konnten, ließ sich der neue flachere Stern am Fenster anbringen, so dass er zugleich ins Zimmer hinein und auf die Straße leuchten konnte. Damit knüpfte man an eine alte städtische Tradition an, nämlich das Illuminieren der Straßenfenster mit Kerzenlichtern am Weihnachtsmorgen als einen Gruß an die Weihnachtsgottesdienstbesucher – vergleichbar mit den modernen Leuchtern in Pyramidenform heute. All dies erwies sich als Glücksgriff. In Herrnhut wuchs eine veritable Adventssternfabrik heran, die in den 1930er-Jahren begann, ihre Sterne in andere Länder zu exportieren – auch nach Schweden.

Die frühesten Adventssterne haben Schweden aufgrund persönlicher Kontakte zwischen schwedischen Familien – vor allem solchen mit kirchlichem Hintergrund – und Herrnhutern

Advent

Advent

schon vor dem Ersten Weltkrieg erreicht. 1934 orderten die Papiergroßhändler die ersten Exemplare aus Deutschland und stellten fest, dass sie reißenden Absatz fanden. Die deutschen Sterne waren im Einkauf sehr teuer, doch 1941 erkannte Erling Persson, der später den Riesenkonzern Hennes & Mauritz gründen sollte, das Potential der Sterne und leitete die Herstellung für den schwedischen Markt zusammen mit seinem Kompagnon Björn Wennberg ein. Sie begannen mit der Produktion von Adventssternen nach Herrnhuter Vorbild, schufen 1944 dann einen bedeutend billigeren, zusammenfalltbaren Typ, der großen Erfolg hatte. In den ersten Jahren wurden Hunderttausende Sterne verkauft, und plötzlich erhielt das winterliche Schweden ein neues Aussehen. Nahezu aus jedem Fenster der großen Mietskasernen strahlten die gelbroten Sterne vom ersten Advent an, und diese billige Weihnachtsdekoration war so sehr im einfachen Volk verbreitet, dass man in den vornehmeren Kreisen, die sich an die alten Traditionen hielten, verächtlich von „Proletensternen" sprach. Zweifellos ist es nicht ganz abwegig, zwischen diesen roten Sternen, die den staatlichen Symbolsternen der kommunistisch geführten Länder nicht unähnlich waren, und der politischen Radikalisierung in Schweden gegen Ende des Zweiten Weltkrieges einen Zusammenhang zu sehen. Doch die wahrscheinlichere Erklärung für den Erfolg ist der Mangel an Stearinkerzen in den Kriegsjahren – der milde Schein der Adventssterne konnte den Wohnungen etwas von deren Weihnachtsstimmung geben.

In der Mitte der 1950er-Jahre begann der Enthusiasmus für die roten Sterne abzunehmen. Später machten sie weitgehend Platz für bedeutend teurere Konstruktionen aus Holzspan, Stroh oder Kupfer, die spannendere Effekte besaßen und nicht so banal wirkten. Ein großer Verkaufsschlager war in späteren Jahren der fünf- oder siebenarmige oder treppenförmige Weihnachtsleuchter. Zu einer gewöhnlichen Weihnacht in den 1990er-Jahren wurden nahezu eine Million Leuchter und an die 300 000 Sterne aller Art verkauft (und der Export war nennenswert größer) – und das in einem Land mit 9 Millionen Einwohnern.

Der Adventsstern leuchtet den ganzen Dezember über in schwedischen Fenstern.

Rezepte

Pfefferkuchen
Pepparkakor

Pfefferkuchen gehören selbstverständlich dazu, wenn man in Schweden Lucia oder Weihnachten feiert. Hier ein altes Familienrezept mit vielen Gewürzen (aber ohne Pfeffer):

2,5 dl ZUCKER
1,5 dl SIRUP
2,5 TEELÖFFEL ZIMT
2,5 TEELÖFFEL GEMAHLENE NELKEN
2,5 TEELÖFFEL INGWER
¾ ESSLÖFFEL BACKPULVER
250 g BUTTER
1 EI
CA. 11 dl MEHL

Zucker, Sirup und Gewürze in einem Topf erhitzen und schmelzen. Vom Herd nehmen. Backpulver in sehr wenig Wasser auflösen und vorsichtig unterrühren. Die Butter schmelzen und zufügen. Das leicht gequirlte Ei zufügen und umrühren.

Die Mischung in eine Schüssel geben und das Mehl zufügen (etwas zum Ausarbeiten und Ausrollen übriglassen). Den Teig über Nacht kühl stellen. Da er im Kühlschrank recht hart wird, rechtzeitig vor dem Ausrollen und Ausbacken herausnehmen.

Den Teig in mehrere Teile teilen und jedes gut kneten. Sehr dünn ausrollen und mit Förmchen kleine Kuchen ausstechen.

Die Pfefferkuchen bei 200 Grad 4–5 Minuten backen. Gut auf die Backzeit achten, denn dünne Kekse verbrennen leicht. Die Pfefferkuchen abkühlen lassen und in Dosen aufbewahren.

Rezepte

Rezepte

Glögg

Den warmen Glögg oder Punsch trinkt man gern im Winter, wenn Schnee liegt und es draußen kalt ist. Es gibt viele verschiedene Rezepte für seine Zubereitung. Hier ein altes Familienrezept für einen Glögg, den man in kleinen Portionen genießen sollte.

1 FLASCHE BIER
150 g KLEINE ROSINEN
20 GESCHÄLTE SÜSSE MANDELN
3 GETROCKNETE FEIGEN IN JE VIER STÜCKE GESCHNITTEN
10 GANZE KARDAMOMKAPSELN ODER 20 SAMEN
SCHALE VON 3 GETROCKNETEN POMERANZEN
6 GANZE GEWÜRZNELKEN (GERN AUCH ETWAS MEHR, WENN SIE DEN GESCHMACK MÖGEN)
1 STANGE ZIMT
1 STÜCK FRISCHE INGWERWURZEL
3 dl ZUCKER
37,5 cl WODKA
75 cl MADEIRA

Das Bier zusammen mit den Gewürzen, Mandeln, Feigen und Rosinen aufkochen und etwa 15 Minuten köcheln lassen. Zucker hinzufügen und weiter köcheln, bis er sich ganz aufgelöst hat.

Das Ganze abkühlen lassen und dann den Wodka zugeben, auf schwacher Hitze erneut erwärmen bis maximal 55 Grad (bei höheren Temperaturen verdunstet der Alkohol).

Die Mischung nun vom Herd nehmen und eine Stunde ziehen lassen. Dann Madeira zufügen und das Ganze eine weitere Stunde ziehen lassen. Jetzt die Mischung durch ein Sieb geben und die Flüssigkeit in eine Flasche füllen, Rosinen und Mandeln zum Servieren aufbewahren. Vor dem Servieren den Glögg erneut auf 55 Grad erwärmen – heißerer Glögg ist eine offensichtliche Verschwendung der göttlichen Zutaten – dann mit den Rosinen und Mandeln in kleinen Tassen mit Teelöffel servieren.

Luciabrötchen

Lussebullar

Wenn die Schweden sich nach Lucia sehnen, dann auch nach Lussebullar. Sie sind ganz einfach notwendig, um Lucia feiern zu können. Es ist das einzige Mal im Jahr, dass Brot mit Safran gebacken wird.

50 g HEFE
150 g BUTTER
5 dl MILCH
2 PÄCKCHEN (1g) SAFRAN
1 dl ZUCKER
0,5 TEELÖFFEL SALZ
CA. 17 dl (ETWA 1 kg) WEIZENMEHL
ROSINEN
1 EIGELB

Die Hefe in eine Schüssel geben, in kleine Stücke teilen. Die Butter schmelzen, Milch zugeben und auf 37 Grad erwärmen. Über die Hefe geben und umrühren, bis sie sich aufgelöst hat.

Safran, Zucker, Salz und fast die gesamte Menge Mehl zufügen (etwas Mehl zum Ausarbeiten aufbewahren). Den Teig kneten, bis er geschmeidig ist. Zugedeckt ca. 40 Minuten gehen lassen.

Den Ofen auf 250 Grad vorheizen. Den Teig auf ein bemehltes Backblech geben und leicht durchkneten. In kleine Stücke teilen, daraus kleine Rollen rollen, die dann zu einem „S" oder einer „8" geformt werden. Die Lussebullar auf ein Backblech legen und in jedes Ende des S-Bogens eine Rosine drücken. Weitere 10–15 Minuten gehen lassen. Die Lussebullar mit verquirltem Eigelb bepinseln und im Ofen ca. 8–10 Minuten backen. Unter einem Handtuch abkühlen lassen.

Lucia

Lucia

Der 13. Dezember ist im Heiligenkalender der Märtyrerin Lucia gewidmet, einer christlichen Jungfrau, die im 3. Jahrhundert in Syrakus lebte. Doch das heutige schwedische Luciafest hat nicht viel mit Italien zu tun. Während des 19. Jahrhunderts feierte man Lucia hauptsächlich zu Hause als Fest des Lichts. 1927 erfuhr das Luciafest seinen großen Durchbruch, als eine Zeitung eine Lucia-Prozession durch Stockholm arrangierte. Heute feiern die Schweden Lucia in Schulen, Altenheimen und Krankenhäusern. In Italien aber gibt es kein Luciafest.

Lucia wurde als sagenumsponnene Heilige im schwedischen Gutsherrenmilieu zumindest in Westschweden seit der Mitte des 18. Jahrhunderts gefeiert. Doch gleichzeitig lebte in der Landbevölkerung die ältere Verbindung ihres Namens mit der Teufelsgestalt Lucifer weiter. In unserer Zeit ist sie im Großen und Ganzen das einzige Exportprodukt – oder besser Reexportprodukt – schwedischer Folklore.

Die Heilige Lucia

Der 13. Dezember ist im Heiligenkalender der Märtyrerin Lucia zugeeignet, einer christlichen Jungfrau, die am Ende des 3. Jahrhunderts in Syrakus lebte, verlobt mit einem Heiden. Im Jahre 304 überredete sie ihre Mutter, ihr die Mitgift auszuzahlen, die sie dann gleich unter den Armen verteilte. Doch dies gefiel dem Bräutigam gar nicht, er klagte sie an, Christin zu sein, und sie wurde zur Einlieferung in ein Hurenhaus verurteilt. Doch als man sie dorthin bringen wollte, konnte man sie nicht von der Stelle bewegen. Da stapelte man einen Scheiterhaufen um sie herum auf, doch er brannte, ohne ihr auch nur ein Haar zu versengen. Schließlich rief man einen Henker herbei, der sie enthauptete, und ein Halswirbel ihres Skeletts, der sich in einer Kirche in Venedig befindet, ist tatsächlich in der Mitte abgeschlagen. Doch die Reliquien des Mädchens eben-

Lucia

Lucia

so wie ihre Legende sind im Zusammenhang mit der skandinavischen Lucia ganz irrelevant – sie und die Heilige haben nur den Namen des Kalendertages gemeinsam. Woher kommt also die skandinavische Lucia?

Die weiß gekleidete Lucia ist der protestantische Ersatz für den katholischen Schutzheiligen der Schulkinder, Sankt Nikolaus, der seinen Kalendertag am 6. Dezember hat. An diesem Tag kommt ein Erwachsener – verkleidet als Bischof – in die Schule und verteilt Gebäck und andere Süßigkeiten an freundliche Kinder, während ein Teufel mit Ziegenhörnern und in Fell gekleidet faule und ungezogene Kinder mit einer Rute verdrescht. Nikolaus war natürlich in der lutherischen Priesterschaft, für die alle Heiligen ein Ärgernis waren, ein Stein des Anstoßes.

Um den populären Kinderheiligen loszuwerden, schuf man stattdessen einen neuen Brauch mit dem kleinen Jesuskind als Zentralgestalt. Sie war für evangelische Priester eine akzeptable, Gaben verschenkende Figur. So verfrachtete man den ganzen Spaß auf Weihnachten und in das Heim der Menschen, so dass jegliche Verknüpfung mit Nikolaus verschwand. An seiner Stelle trat nunmehr zu Weihnachten in protestantischen Familien ein Mädchen auf, gekleidet in ein weißes Hemd und mit einem „Heiligenschein" auf dem Kopf in Gestalt eines Lichterkranzes. Es wurde das „Christkindlein" oder „Kindchen Jesus" genannt, im Niederdeutschen „Kinken Jes", und verteilte Geschenke an die artigen Kinder. Der Teufel des alten Nikolausaufzuges war in der protestantischen Pädagogik ebenso anwendbar wie in der katholischen, und so konnte er weiterleben. Wenn Lucias Gebäck „Lussekatter" genannt wird, so ist dies eine Erinnerung an den Teufel, denn in älterer schwedischer Tradition hieß es „Dövelskatter", d.h. Katzen des Teufels.

Lucias Durchbruch

„Kinken Jes" wurde gegen Ende des 17. Jahrhunderts von den Deutschen nach Schweden gebracht, doch gelang es ihm

Lucia

nicht, im schwedischen Weihnachten Wurzeln zu schlagen. – die streng „orthodoxe" Priesterschaft fand, dass so etwas nicht zu diesem ernsten Feiertag passte. Rund um den Vännersee und sein Gutsherrenmilieu verband man diese spektakuläre Ausformung erst im 18. und 19. Jahrhundert mit dem Luciatag, indem das Wort „Lucia" mit „Lux", dem lateinischen Begriff für „Licht", assoziiert wurde. Und während des frühen 19. Jahrhunderts dann begannen die Westschweden, den Luciabrauch an den Universitäten und gleichzeitig auf den Bauernhöfen der westschwedischen Landschaften zu verbreiten.

Lucia mit Kaffee, Safranbrötchen (lussekatter) und Pfefferkuchen (pepparkaka).

Ihren populären Durchbruch hatte Lucia erst 1927, als eine Zeitung in Stockholm einen öffentlichen Luciaumzug durch die Stadt arrangierte. Lucias Schicksal ist ein typisches Beispiel für die verschlungenen Pfade, die ein Brauch wandern kann, aber auch für das Bedürfnis unserer Zeit nach Feiertagsvergnügen, die nicht nur für die Kernfamilie gedacht sind, sondern auch in andere soziale Formationen passen, die heute bedeutsam sind – im Vereinsleben, in den Schulen und Altersheimen, um nur einige zu nennen. Doch in Italien hat niemand je eine „Lussebrud", eine Luciabraut, gesehen, und Italiener sind jedes Mal verwundert, wenn sie erleben, welchen Erfolg ihre alte Heilige in Skandinavien hat.

Dass die jungen Leute an Lucia die Gelegenheit nutzen, sich zu amüsieren (und zu betrinken), ist nichts Neues. Heute schmücken sie sich mit ein wenig Lametta im Haar und vielleicht mit einem weißen Kittel mit Tasche, in die eine Flasche passt (auch wenn die Walpurgisnacht Lucia mehr und mehr als Anlass für nächtliches Herumschwärmen und Zechen ablöst).

Weihnachten

Jul

Egal, ob man Däne, Norweger oder Schwede, Isländer oder Bewohner der Färöer ist: Man verwendet dasselbe Wort jul oder jól für das Fest, das die meisten Menschen heute für das wichtigste des Jahres halten.

Man ist ziemlich einig darin, dass das Wort „jul" ein uraltes germanisches Erbe ist. Als die Angelsachsen im 5. und 6. Jahrhundert nach England einwanderten, brachten sie dieses germanische Wort mit, und in den nordenglischen Dialekten kannte man bis in unsere Zeit hinein das Wort „Yule" oder „Yule-tide". In anderen Sprachen hat das Wort für Weihnachten etwas mit Jesu Geburt zu tun (z. B. das französische „noel") oder war eine Variante von „Christmesse" (z. B. das englische „christmas"). Die frühen Missionare versuchten, letzteren Ausdruck auch in Skandinavien einzuführen, doch hatten sie damit nur wenig Erfolg. Besser gelang es ihnen in England, und das deutsche Wort „Weihnacht" in der Bedeutung von „heilige Nacht" hat ebenfalls einen deutlich christlichen Inhalt.

Vorchristliches Mittwinteropfer und Arbeitsfest

Vielleicht war das vorchristliche Weihnachten ein Arbeitsfest, um das Ende des Dreschens oder das große Herbstschlachten

„Am Tag vor Heiligabend" (Dagen före julafton) nannte Carl Larsson dieses Gemälde aus Sundborn in Dalarna 1892.

Weihnachten

Ein nordischer Weihnachtsbaum, gezeichnet von Jenny Nyström ca. 1890. Sie ist die Mutter des schwedischen Weihnachtsmannes.

zu feiern, was natürlich die Möglichkeit des Schlemmens und Biertrinkens bot. „Dricka jul" („Trink Weihnachten") ist ein Ausdruck, der frühestens um das Jahr 900 erwähnt wurde (in Verbindung mit dem norwegischen König Harald Schönhaar) und der später über Jahrhunderte als Begriff ein Bestandteil des nordischen Weihnachtsfestes war.

Wir wissen, dass unsere heidnischen nordischen Vorfahren während der Wikingerzeit in den Monaten um den Jahreswechsel sehr viele mit Opfer und Blut verknüpfte Feste gefeiert haben (etwa das spätherbstliche „Alvablot"). Aber eines mit Bestimmtheit herauszugreifen, das zeitlich mit der christlichen Weihnacht zusammenfällt, ist unmöglich. Dass das Wort „jul" aus einem dieser Feste oder einer dieser Festperioden stammt, ist dagegen ziemlich sicher.

Der Wechsel der schwedischen Kirche vom Katholizismus zum Luthertum im 16. Jahrhundert hatte keine besonders dramatischen Auswirkungen auf die Art, das Weihnachtsfest zu feiern. Vor allem das Weihnachtsessen zeigt Reminiszenzen an das Weihnachtsfasten, das im Mittelalter am Luciatag eingeleitet wurde und bis Mitternacht zwischen Heiligabend und dem Weihnachtstag dauerte. Der gelaugte Stockfisch („lutfisk") ist das beste Beispiel. Dieses typisch mittelalterliche Fastengericht wird noch immer von 25 Prozent der schwedischen Bevölkerung an Weihnachten gegessen.

Weihnachten

Die Weihnachtskrippe

Die Weihnachtskrippe galt unter den Lutheranern lange als katholische Erfindung. Es dauerte bis 1803, ehe etwas so Umstrittenes in Stockholm öffentlich gezeigt werden konnte. Die allererste Krippe wurde am Weihnachtstag 1223 in einem italienischen Dorf von keinem Geringeren als dem heiligen Franz von Assisi arrangiert, der in einer Höhle eine Messe hielt mit einem lebendigen Ochsen und einem ebenso leibhaftigen Esel als Statisten. Die Urkrippe von Betlehem selbst ist als treu verehrtes Relikt bedeutend älter. Ihre fünf morschen Bretter (aus Buchenholz), jetzt eingefasst in Silber und Kristall, können seit dem 4. Jahrhundert in der Kirche Santa Maria Maggiore in Rom betrachtet werden.

Erst 1929 wagte ein schwedischer Pfarrer in Malmö den kühnen Schritt, in seiner Kirche eine Weihnachtskrippe aufzustellen. Dem mutigen Pionier brachte dies recht viel Tadel seiner rechtgläubigen Kollegen und Gemeindeglieder ein, doch schon bald war eine Kirche in Stockholm bereit, den gleichen Schritt zu tun. Während der 1930er-Jahre breitete sich schließlich der Krippenbrauch im ganzen Land aus. Über ihr kitschiges Design kann man sagen, was man will – die Krippen sind nahezu das Einzige, was uns in unserem Weihnachtsfeiern an den immer mehr verblassenden religiösen Hintergund des Festes erinnert.

Der Weihnachtsbaum

Die Weihnachtstanne im Haus hat ihren Ursprung im südwestlichen Deutschland und der Schweiz, wo darüber gegen Ende des Mittelalters berichtet wird. Ihre erste Verbreitung über große Teile Europas hat sie in hohem Maße Martin Luther zu verdanken. Er wollte, dass Feiertage zu Hause gefeiert werden und nicht mit Prozessionen auf den Straßen. Die Tanne passte gut in dieses Konzept, und der Protestantismus nahm es hin, von den Katholiken (die ihrerseits Weihnachtskrippen bauten), „Weihnachtstannenbaumreligion" genannt zu werden. An-

Die Weihnachtskarte – Populäres Motiv schwedischer Zeichner.

Weihnachten

fangs waren die Tannen nur mit Äpfeln und anderen Süßigkeiten geschmückt. Der erste, der von einer Tanne mit Lichtern erzählte, war ein schwedischer Offizier, der in der Schlacht bei Lützen verwundet worden war und Weihnachten 1632 als Rekonvaleszent bei einer Familie in Leipzig verbrachte. Gut 100 Jahre später erzählt Gräfin Wrede-Sparre von Schwedens erstem bekannten Weihnachtsbaum, sehr lange war diese Exklusivität vor allem ein Vergnügen der Oberschicht. Bis zur Mitte des 19. Jahrhunderts handelte es sich in der Regel um kleine Tischbäumchen, doch dann hatten in den 1850er-Jahren die zimmerhohen Tannen ihren Durchbruch. Das letzte Stadium in der Geschichte des Weihnachtsbaumes bilden die illuminierten Bäume im Freien – sowohl private als auch kommunale -, die seit den 1930er-Jahren immer populärer wurden.

Der schwedische Weihnachtsmann, Jultomten

Der schwedische Weihnachtsmann ist kaum älter als er aussieht, wenn er in seinen altmodischen Kleidern und seinem ungepflegten Bart herumläuft. Er ist ein merkwürdiger Mischling, entsprungen dem katholischen Heiligen Sankt Nikolaus und den übernatürlichen Hofwächtern des nordischen Volksglaubens, von den Dänen und Norwegern „Nisse" genannt und von den Schweden „Tomte(gubbe)". Seinen nahezu rasanten Aufstieg zum Weihnachtssymbol und sein Aussehen verdankt der schwedische Weihnachtsmann dem Dichter Viktor Rydberg und seiner pädagogischen Erzählung „Lille Viggs Julafton" (Heiligabend des kleinen Vigg) sowie seinem philosophischen Gedicht „Tomten" (geschrieben 1881), zusammen mit dem nie versiegenden Strom von Tomte-Porträts der Künstlerin Jenny Nyström (1854–1946). Rydberg und Nyströms Interesse am Weihnachtsmann fällt auf glückliche Weise mit dem großen Aufschwung des Weihnachtsmonats als Kauffest zusammen, befeuert von solchen Neuheiten wie Schaufenstern und Werbung für Weihnachtsgeschenke. Doch ein Amerikaner schwedischer Herkunft brachte 1931 den Nyström'schen Zwergweihnachtsmann zu Fall, indem er den Coca-Cola trinkenden „fat

Am Morgen des Heiligabend.

Nicht mehr als etwa 100 Jahre sind vergangen, seit der Weihnachtsmann erstmals in schwedische Häuser trampelte – in Schweden ist er nicht älter, als er aussieht. Dort und in anderen nordischen Ländern verteilt er am Heiligabend, dem 24. Dezember, die Weihnachtsgeschenke – nicht am ersten Weihnachtstag wie in einigen anderen Ländern.

Nächste Seite: Carl Larssons klassisches Gemälde „Heiligabend. Ein Weihnachtsbüffet" (Julafton, ett julbord) von 1904 zeigt, wie das Bürgertum Weihnachten feiert und dabei versucht, zu seinen Wurzeln zurückzukehren.

Weihnachten

Santa" schuf, den heute die meisten Menschen für den Prototypen des schwedischen Tomte halten. Leider ist der Wortschatz des Coca-Cola-Weihnachtsmanns etwas begrenzt und scheint sich auf „Hoho-ho" zu beschränken.

Das Weihnachtsessen

Warum feiern die Schweden die Geburt des Erlösers mit regelrechten Fleischorgien? Unser Weihnachtsesstisch biegt sich unter Schinken, Sülzen, Rippenspeer, gegrilltem Schweinekopf mit Äpfeln im Maul, unter Fleischwürsten und Schweinepfoten, ja, sogar unter Schweineschwänzen in Gelee. Dies rührt teils aus der dominanten Rolle der Fleischversorgung in älterer Zeit, teils aus der wichtigsten Konservierungsmethode unserer Vorfahren: dem Einlegen in Salzlake. Beim großen Herbstschlachten im Oktober oder November gewann man einen Berg von Fleisch, und die einzige zur Verfügung stehende Möglichkeit, diesen Vorrat bis zur nächsten Schlachtung ein Jahr später aufzubewahren, war das Einsalzen. Dies bedeutete ein nahezu ständiges Kauen auf mehr oder weniger stark gesalzenem Fleisch das ganze Jahr über. Doch pflegte man einige Schlachtschweine für Weihnachten übrig zu lassen. Es war ein offensichtlicher Genuss, während ein paar Wochen um Weihnachten frisches Fleisch essen zu können, ohne dass Salzkristalle zwischen den Zähnen knirschten. Als das Bürgertum im Laufe des 19. Jahrhunderts unsere heutigen Weihnachtstraditionen – ausgehend von seinem Verständnis des ursprünglichen bäuerlichen Weihnachten – schuf, blieb das Fleisch im Mittelpunkt. Unsere Lebensmittelindustrie hat dies dann noch weiter angefacht und aus verständlichen Gründen dafür gesorgt, dass das „klassische" Weihnachtsmenü schwedischer Standard wurde. 85 Prozent der schwedischen Haushalte ser-

Weihnachten

vieren somit Weihnachtsschinken, während der Konsum von gekochtem Schinken für den Rest des Jahres recht klein ist. Auch auf den üppigen Weihnachtsbuffets der Restaurants dominiert Schweinefleisch ganz offenbar. Übrigens, wussten Sie, dass die Schweden im Jahr 2010 in Gasthäusern für über zwei Milliarden Kronen Weihnachtsessen verschlangen?

Zu Weihnachten nur das Beste

Das Weihnachtsessen bestand in der vorindustriellen bäuerlichen Kultur ganz einfach aus dem Besten, das zur Verfügung stand, je nach den regionalen wirtschaftlichen Voraussetzungen. Was wir unter einem typischen Weihnachtsessen verstehen, war einmal das Festessen der Bauern, sei es nun zur Hochzeit, zur Beerdigung oder zur Taufe. Die „feine Gesellschaft" aß so etwas nicht zu Weihnachten – das Weihnachtsessen einer in einem Schloss lebenden Familie oder eines Großkaufmanns senkte sich in der Mitte des 19. Jahrhunderts nur ausnahmsweise auf das Niveau, das Fleisch, Stockfisch und Grütze kannte, und das Bild des unisono Schinken kauenden schwedischen Volkes ist eigentlich ein sehr spätes.

In vielen Haushalten lebt aber natürlich ein Gutteil lokaler und oftmals traditioneller Spezialitäten fort. Die Südschweden reichen Senfsoße zum gelaugten Stockfisch, die Stockholmer grüne Erbsen und Béchamelsoße (die solchermaßen „Reichstradition" wurde – sonst war es früher üblich, zerlassene Butter und Pfeffer dazu zu servieren). Die Weihnachtsausgaben der Wochen- und Tageszeitungen mit Rezepten haben ebenso wie das standardisierte Angebot an Rohwaren oder Halbfabrikaten der Ladenketten in hohem Maße dazu beigetragen, das Weihnachtsessen zu vereinheitlichen.

Man könnte meinen, die Schweden hätten inzwischen begonnen, sich von den spannenden und leckeren Weihnachtsgerichten beeinflussen zu lassen, die Einwanderer mitbrachten, doch noch sind diese kulturellen Anleihen wenig ausgeprägt. Offenkundiger ist der beginnende Einfluss bestimmter ausländischer weihnachtlicher Essgewohnheiten, die massenmedial

Rezepte

Eingelegter Hering mit Zitrone
Inlagd sill med citron

Die Schweden essen Hering zu allen möglichen Gelegenheiten, zu Festen wie Weihnachten, Ostern oder Mittsommer oder einfach, weil sie gerade Lust darauf haben, am liebsten zu gekochten Eiern und Kartoffeln.

5 HERINGSFLETS
3 dl ZUCKER
SAFT VON 3 GROSSEN ZITRONEN
1 dl WASSER
1 STANGE LAUCH
1 ROTE ZWIEBEL
2 KLEINE MÖHREN
1 ESSLÖFFEL DILL
10 PIMENTKÖRNER

Zucker, Zitronensaft und Wasser vermischen und so lange umrühren, bis der Zucker sich gelöst hat. Die Heringsfilets in Stücke schneiden und zufügen.

Den Lauch und die Zwiebel in Ringe, die Möhren in Scheiben schneiden. Zu dem Heringsgemisch geben. Den Dill klein schneiden, die Pimentkörner grob zerstoßen und ebenfalls zufügen.

Vor dem Servieren zwei Tage im Kühlschrank stehen lassen.

Rezepte

Klassische Hackfleischklößchen

Klassiska köttbullar

Köttbullar sind ein traditioneller und selbstverständlicher Beitrag zum schwedischen Weihnachtsbüffet. Doch werden sie auch das ganze Jahr über gegessen, und zwar mit den klassischen Beilagen Kartoffelpüree, Soße und Preiselbeerkompott.

Für 4 Personen
30–40 Hackfleischklößchen

1 dl MILCH
½ dl SEMMELBRÖSEL
CA. 1 TEELÖFFEL SALZ
WEISSER PFEFFER
½ ZWIEBEL
200 g SCHWEINEHACKFLEISCH
300 g RINDERHACKFLEISCH
1 EI

Milch und Semmelbrösel in einer Schüssel vermengen, Salz und Pfeffer zufügen und einige Minuten quellen lassen. Die Zwiebel schälen und fein hacken. Alle Zutaten jetzt vermischen und zu einem glatten Teig verarbeiten.

Kleine runde Fleischklößchen formen und in einer großen Pfanne in Butter braten. Zunächst mit mittlerer Temperatur beginnen, dann auf schwache Hitze zurückschalten. Die Fleischklößchen ganz durchbraten.

Rezepte

Janssons Versuchung
Janssons frestelse

Kein Weihnachts- oder traditionelles Büffet ohne echte Janssons Versuchung! Wird auch gern als Imbiss zu vorgerückter Nachtzeit gegessen, zum Beispiel Neujahr. Das Gratin soll nach einem gleichnamigen Film aus dem Jahre 1928 benannt sein.

Für 4 Personen

2 ZWIEBELN
8 KARTOFFELN
1 DOSE ANCHOVISFILETS (125 g)
3 dl SAHNE
ANCHOVISFLÜSSIGKEIT
½ dl SEMMELBRÖSEL
2 ESSLÖFFEL BUTTER

Den Ofen auf 225 Grad vorheizen. Die Zwiebeln schälen und in dünne Scheiben schneiden. Die Kartoffeln ebenfalls schälen und in dünne Streifen schneiden. Kartoffeln, Zwiebeln und Anchovis in eine gut gefettete Auflaufform schichten. Mit der Sahne und etwas Anchovisflüssigkeit übergießen, mit Semmelbröseln bestreuen und Butterflöckchen darauf verteilen. Überbacken bis die Kartoffeln weich sind und eine hellbraune Farbe angenommen haben, etwa 45–60 Minuten.

Schwedischer Pumpernickel

Kavring

Die Schweden essen gerne dunkles Brot. Hier ein klassisches Pumpernikkelrezept, das sowohl zu Weihnachtsschinken als auch an Mittsommer zu Hering passt.

2 Brote

4 dl DUNKLER SIRUP
2,5 ESSLÖFFEL BACKPULVER
4 dl WEIZENMEHL
8 dl GESIEBTES ROGGENMISCHMEHL
1 TEELÖFFEL SALZ
6 dl DICKMILCH (IN SCHWEDEN VERWENDET MAN FILMJÖLK, DIE ES ABER HIERZULANDE NICHT GIBT)
BUTTER UND SEMMELBRÖSEL FÜR DIE FORM

Den Backofen auf 180 Grad vorheizen. Zwei längliche Brotformen oder Kastenformen (je 1,5 l) einfetten und mit etwas Weizenmehl und Semmelbröseln bestreuen. Die trockenen Zutaten in einer Schüssel vermischen. Dickmilch und Sirup unterrühren und schnell zu einem Teig verarbeiten. Den Teig in die Formen füllen und im unteren Teil des Backofens ca. 60 Minuten backen.

Weihnachten

Die Weihnachtsmesse am frühen Morgen (julottan) ist zu einem Symbol des schwedischen Weihnachtsfestes geworden. Wird einem ausländischem Publikum schwedische Weihnacht in Film und Fernsehen präsentiert, dann ist die exotische Schlittenfahrt im Fackelschein zur Kirche

vermittelt werden, vor allem angelsächsische wie Plumpudding und Truthahn. Doch ist es eher ungewöhnlich, dass diese das schwedische Weihnachtsmenü ersetzen, eher tauchen sie auf den Mittagstischen und auf Partys in den Tagen zwischen Weihnachten und Neujahr auf.

Der Weihnachtstag – Geburtstag Jesu?

Wenn Sie Ihre Bibel hervornehmen und beginnen, darin zu lesen, so finden Sie nicht einmal die geringste Andeutung, zu welcher Jahreszeit sich die bemerkenswerte Geburt Jesu ereignet hat, geschweige denn ein Datum. Dass diese kaum

Weihnachten

während der Mittwinterzeit geschehen konnte, erhellt sich aus den Angaben über die Hirten, die Ende Dezember schwerlich eine Nacht im Freien verbracht haben dürften – denn in den Nächten war es zu dieser Jahreszeit in der Gegend um Betlehem richtig kalt.

ein Höhepunkt. Heute lässt julottan der Weihnachtsandacht (julbön) und der Mitternachtsmesse (midnattsmässa) den Vorrang.

Als Jesus einen Geburtstag bekam

Nein, die Wahl des 25. Dezember hatte einen kirchen – und realpolitischen Hintergrund. Zu Beginn unserer Zeitrechnung gab es im Römischen Reich mehrere Erlöserlehren, die darum konkurrierten, römische Staatsreligion zu werden. Am erfolg-

Weihnachten

reichsten war im 3. Jahrhundert der aus dem Vorderen Orient stammende Mithraskult, eine die Männlichkeit überbetonende Art von Sonnenreligion mit Zügen des Kaiserkultes (die Evangelisten, inbesondere Matthäus, übernahmen so manches aus dessen Mythologie). Deshalb wurde der Mithraskult von einigen römischen Kaisern begünstigt, die den 25. Dezember zum großen Festtag des Kaiserkultes ausersahen – einen politisch wie religiös gleichermaßen bedeutsamen Gedenktag.

Die Führer der christlichen Urkirche waren Pragmatiker – das Resultat war wichtiger als die Ideologie. Sie verstanden, dass es schwieriger war, das „Volk zu christianisieren", wenn es auf seine Feste und Traditionen verzichten musste, und so ließen sie ihm seine Vergnügen. Doch drückte man den Festlichkeiten einen anständigen christlichen Stempel auf. Im Jahre 354 erklärte Papst Liberius, Jesus Christus sei von jetzt an am 25. Dezember geboren. Kaiser Theodosius der Große erhob das Christentum in den 380er-Jahren zur Staatsreligion. Doch nach seinem Tod zerfiel das Römische Reich in zwei Hälften, eine westliche und eine östliche. In der östlichen mit dem Zentrum Konstantinopel hörte man wenig auf das, was der Papst in Rom sagte, und während der 25. Dezember in der gesamten von Rom regierten Christenheit Jesu Geburtstag blieb, führte man in der Ostkirche eine ältere Tradition (mit Wurzeln in Ägypten) fort, nach der der 6. Januar als Erinnerung an die Taufe Jesu oder seine geistige Geburt gefeiert wurde – uns so ist es noch heute.

Auch wenn es nicht ganz hierher gehört, so verdient doch der Hinweis Beachtung, dass auch das Geburtsjahr Jesu – und damit der Nullpunkt unserer gesamten Zeitrechnung – die kaum haltbare Mutmaßung eines englischen Mönchs mehr als 700 Jahre später war. Wir wissen nunmehr, dass der schreckliche König der Juden, Herodes, im Jahre 4 vor Christus starb, und so kann er also nicht den Kindermord von Betlehem befohlen haben, der kurz nach Jesu Geburt stattgefunden haben soll.

Das – in Schweden – berühmte und klassische Gedicht „Tomten" beginnt mit den Zeilen „Die Kälte der Mittwinternacht ist hart" (Midvinternattens köld är hård). Es wurde von dem Dichter Viktor Rydberg während eines Winterspaziergangs 1881 geschrieben und von Jenny Nyström illustriert.

Weihnachten

Midvinternattens köld är hård,
stjernorna gnistra och glimma.
Alla sofva i enslig gård
djupt under midnattstimma.
Månen vandrar sin tysta ban,
snön lyser hvit på fur och gran,
snön lyser hvit på taken.
Endast tomten är vaken,

Står der så grå vid lad'gårdsdörr,
grå vid den hvita drifva,
tittar, som många vintrar förr,
upp emot månens skifva,
tittar mot skogen, der gran och fur
drar kring gården sin dunkla mur,
grubblar, fast ej det lär båta,
öfver en underlig gåta,

Neujahr

Neujahr

Nyår

Auf welchen Zeitpunkt Neujahr fällt, ist eigentlich kein Problem, denken Sie sicherlich. Nein, nicht für uns Heutige hier im Westen. Doch fragen Sie einen Chinesen, einen Vietnamesen, einen Juden oder einen Moslem, dann erhalten Sie vier verschiedene Vorschläge. Und wie wohldurchdacht unser Kalender auch zu sein scheint – warum heißt der neunte Monat September, was doch „der Siebte" bedeutet? Warum hat der Februar nur 28 Tage und warum liegt der Schalttag nicht am Ende des Dezembers, was doch logisch wäre?

Neujahr im März feiern?

Im antiken Rom war der 1. März der Neujahrstag bis zum Jahre 153 v. Chr. – hier haben Sie den Grund für die Platzierung des Schalttages und dafür, dass der neunte Monat der siebte genannt wurde! Der Neujahrstag in Rom war das jährliche Antrittsdatum neuer Konsuln, der höchsten Beamten des Reiches und der Stadt, die während der Zeit der Römischen Republik auch die militärischen Oberbefehlshaber waren. Den Sommer verbrachten die römischen Männer gewöhnlich mit dem jährlichen Krieg. So lange Rom ein kleiner Stadtstaat war, passte das Neujahrsdatum recht gut, doch mit dem Wachsen des Reichs und der Armee gelang es den neuen Konsuln nicht,

Nächste Seite: Ein Wintertag in Övre Gärdsjö in Dalarna.

Neujahr

ihre Soldaten vom 1. März an ausreichend im Umgang mit den Waffen zu üben. Darum verschob man den Konsulwechsel und damit auch Neujahr auf den 1. Januar – doch die alten Monatsnamen ließen sich schwer ändern, so dass sie bis heute beibehalten wurden.

Die Römer feierten den 1. Januar mit ausschweifenden Festen, so dass der christlichen Urkirche deshalb nicht besonders viel daran lag, dieses Datum zu behalten. Also verlegte man den Beginn des Kirchenjahres auf den Weihnachtstag, der in Schweden noch bis ins 16. Jahrhundert als Neujahrstag galt, bevor man dann anfing, Kalender nach kontinentalem Vorbild zu drucken und zur klassischen Ordnung zurückzukehren.

Neujahr damals und heute

Den Abend vor dem Neujahrstag feiern viele Menschen in Wirtshäusern. Noch mehr feiern ihn zu Hause in Gesellschaft von Freunden und Bekannten. Champagner – oder auch einfachere Sektkorken knallen in Restaurants und in Reihen- und Einfamilienhaussiedlungen ebenso wie auf Hochhausbalkonen zusammen mit Feuerwerkskörpern und Chinaböllern zur Verzweiflung aller Hundebesitzer. Schinken und Grütze müssen zurückstehen gegenüber Menüs mit Hummer und Rinderfilet, die Straßen sind angefüllt mit Jugendlichen, die von der einen Diskothek zur nächsten Bar ziehen. In dieser Ausgelassenheit lässt sich nur schwer etwas ausmachen, was in der vorindustriellen bäuerlichen Kultur wurzelt, die in so hohem Maße Essen und Trinken sowie Spiele und Vergnügen des Weihnachtsfestes geprägt hat.

Wie feierte man Neujahr früher, bevor sich die Wirtshäuser und Cateringunternehmen dessen annahmen? Die Antwort hängt sicherlich davon ab, auf welchem sozialen Niveau wir uns bewegen. Das Bauerntum prägte diesen Feiertag insbesondere dadurch, wieder von den guten Weihnachtsgerichten zu essen, und dies tat man auch in vielen bürgerlichen Familien bis weit ins 20. Jahrhundert hinein. Die Gewohnheit, bis Schlag zwölf Uhr wach zu bleiben, war bei den Bauern ziem-

Neujahr

Neujahr

lich unbekannt, aber es kam vor, dass sich die Jugendlichen an der Kirche versammelten und mehr oder weniger unerlaubt den Kirchturm erklommen, um das neue Jahr um Mitternacht mit Lärm und Geschrei „einzuläuten". In Ermangelung von Kirchenglocken konnte man das neue Jahr auch mit „Gewehrschüssen" begrüßen, eine (Un)Sitte, die mit den spektakulären Knalleffekten der heutigen Zeit verwandt ist. Das organisierte Glockengeläut in der Neujahrsnacht wurde während des Ersten Weltkriegs gebräuchlich.

Am berühmtesten ist in Schweden der Brauch, vor dem „zunehmenden Neujahrsmond zu knicksen", also vor dem ersten Neumond des neuen Jahres. Unverheiratete junge Damen, die ihr Schicksal erfahren wollen, sollten allein hinaus in die Nacht gehen, dreimal vor dem Neumond knicksen und dann aufs Geratewohl die mitgebrachte Bibel oder ein Gesangbuch aufschlagen. Aus dem Text der aufgeschlagenen Seiten würden sie dann Schlussfolgerungen in Bezug auf ihre Zukunft ziehen können. Solche Prophezeiungen und Deutungen sind natürlich aus unserer rationalistischen Zeit verschwunden, aber als eine Art Ersatz haben wir uns die recht neue Sitte des Kontinents zu eigen gemacht, „Neujahrsversprechen" abzugeben, gute Vorsätze für das neue Jahr zu formulieren. Im Gegensatz zu den wikingerzeitlichen feierlichen Gelübden während des „Weihnachtstrinkens" werden die „Neujahrsversprechen" aber in aller Heimlichkeit gemacht. Das ist am sichersten so.

Das Radio hat schließlich das Wachbleiben bis Mitternacht 1924 im schwedischen Familienleben definitiv verankert, als es begann, seine feierlichen und seriösen Neujahrsprogramme zu senden. Inzwischen ist es aber von den unterhaltungsbetonten Neujahrsfeiern des Fernsehens übertrumpft worden, doch in beiden Fällen wird als feierlicher Höhepunkt Alfred Tennysons Gedicht „Neujahrsuhr" (Ring Out, Wild Bells) vorgelesen.

Das Neujahrsfeuerwerk in Skansen versammelt Scharen von Menschen und wird heutzutage vom schwedischen Fernsehen direkt übertragen. In diesem Rahmen wird das Gedicht „Die Neujahrsuhr" (Ring out, wild bells) von Alfred Tennyson vorgelesen, und dies seit 1895.

Neujahr

Epiphanias
oder die Heiligen Drei Könige

Trettondag jul

6. Januar

Die Schweden sind sich sicher, dass es „Knut (ist), der (am 20. Tag) Weihnachten auskehrt", doch außer ihnen sind es nur noch die Finnlandschweden und ein Teil der Finnen sowie die Norweger, die dieser Ansicht sind. Denn überall sonst ist Epiphanias (in Schweden *trettondagen*), also der 13. Tag nach Heiligabend und demnach der 6. Januar, der letzte „richtige" weihnachtliche Feiertag. Der St- Knuts-Tag, der 20. Tag, wurde überdies nie mit roten Buchstaben in irgendeinen Kalender gedruckt.

Am 13. Tag also ging das Weihnachtsessen zur Neige und man musste sich damit begnügen, die Fleischreste vom Schinkenknochen oder den gebratenen Rippchen zu schaben. Aus diesem Grund wird dieser letzte Feiertag auch „Knochenrestetag" (schwed. *benraskedagen*) genannt.

Die Kirche zieht es vor, ihn mit dem griechischen, urchristlichen Namen „Epiphanias" zu bezeichnen, der sich aus einem Verb mit der Bedeutung „aufzeigen, hervortreten" ableitet. So bezieht sich der Name darauf, dass dieser Tag gefeiert wurde zur Erinnerung an Christi Erscheinen in der Welt und den Beginn seiner kurzen Prophetenbahn, als Johannes der Täufer ihn taufte. In den östlichen Kirchen lebte diese Deutung fort.

Epiphanias oder die Heiligen Drei Könige

Drei weise Männer – Kaspar, Melchior und Balthasar

Als die Westkirchen im 4. Jahrhundert beschlossen, Jesu Geburtstag und damit den Weihnachtstag auf den 25. Dezember zu legen, knüpften sie gleichzeitig Epiphanias an Weihnachten und gaben ihm einen neuen Inhalt. Danach wird dieser Tag als Erinnerung an das Erscheinen der drei weisen Männer Kaspar, Melchior und Balthasar im Stall von Betlehem gefeiert. Mit der Zeit avancierten diese Magier oder Astrologen zu den Heiligen Drei Königen.

Die drei Weisen.

Weil drei Könige in einer Reihe genau wie drei Heilige etwas Ungewöhnliches sind, lag es nahe, mit den drei östlichen Königen die mittelalterlichen Mysterienspiele über Jesu Geburt und Kindheit zu vergolden. Nachdem diese Spiele während des Hochmittelalters vor allem in Italien, Deutschland und Frankreich auch außerhalb der Kirchen und zudem in der Volkssprache aufgeführt wurden, konnten sie zur Inspirationsquelle für die Weihnachtsspiele werden, die mit der Zeit auch von Schülern protestantischer Schulen gestaltet wurden. Sie beeinflussten auch die „Sternsingerspiele", die vom 17. Jahrhundert an von Jugendlichen in den Städten und auf dem Land in allen nordischen Ländern als ein spektakuläres Element der vielen weihnachtlichen Bettelumzüge veranstaltet wurden.

Staffan-Sänger

In Schweden waren es zunächst Schüler der Gymnasien und anderer größerer Schulen, die die Erlaubnis erhielten, von Haus zu Haus zu ziehen und Weihnachtslieder zu singen, wofür sie von den Zuhörern auch ganz ordentlich bezahlt werden konnten. Dann hatten sie – noch bis in das Jahr 1835 – das Recht, auf dem Land durch die Kirchspiele zu ziehen (*att gå på sockengång*). Es war dieser „sockengång", der auch die Jugend in den Dörfern anregte, selbst als Sternsinger oder Staffans-Sänger umherzuziehen.

St. Knut-Tag

Tjugondag Knut

13. Januar

Von den mittelalterlichen dänischen Königen ist es vor allem Sven Gabelbart (schwed. Sven Tveskägg), über den die Schweden so einiges wissen, in jedem Fall seinen lustigen Namen. Er hatte einen Neffen, Sven Estridsen, von dessen 19 außerehelichen Kindern nicht weniger als fünf nacheinander den Thron übernahmen. Dies bedeutete natürlich in der nächsten Generation geradezu eine Inflation von Thronprinzen. Als die Schar der Söhne des alten Königs Sven allmählich ausstarb, erkannten seine Enkel, dass es viel zu viele Cousins gebe, die einen berechtigten Anspruch auf den Thron erheben könnten.

Einer von ihnen hieß Knut, genannt Knut Lavard – „Lavard" ist eine dänische Form des englischen „Lord". Herzog Knut war ein ambitiöser Jüngling. Mit List und Bestechungsgeldern verschaffte er sich den Königstitel über die slawischen Obotriten im heutigen Ostholstein und war damit rangmäßig der nächste, der seinem Onkel Nils, dem letzten der Brüder auf dem Thron, folgen würde.

Dessen Sohn, Herzog Magnus, begann inzwischen seinen eigenen Aufstieg und den Tod seines Cousins Knut zu planen. 1130 feierte Knut am Hof seines königlichen Onkels Weihnachten, und Magnus gedachte nun, seine Mordpläne ins Werk zu setzen. Allerdings wollte er dies auf eine hübsche und höfische Weise tun und wartete deshalb, bis das Fest und sein „Weihnachtsfriede" vorüber waren. Am 7. Januar 1131,

St. Knut-Tag

dem Tag nach Epiphanias, lauerte er seinem Verwandten im abgelegenen Wald von Haraldsted (bei Ringstedt auf Seeland) auf, zog sein Schwert und spaltete mit einem gewaltig Hieb Knut Lavards Schädel – um die Legende zu zitieren: "vom linken bis zum rechten Ohr, so dass das Hirn herausrann". Weder dieses Hinscheiden noch Knut Lavards Vergangenheit taugen für einen Heiligenschein. Doch eines schönen Tages wurde sein Sohn Waldemar der Große König über Dänemark. Ihm gelang es, den Papst zu bewegen, seinen Vater Knut 1169 in das Martyrologium, das Verzeichnis der Heiligen, einzuschreiben, in das dessen Onkel Knut der Heilige bereits im Jahr 1100 gelangt war.

Knuts Todestag, der 7. Januar, erhielt im Mittelalter seinen Namen und trägt ihn in Dänemark bis heute. Auch in Schweden wurde dieser Tag in den Kalendern bis gegen Ende des 17. Jahrhunderts mit Knut bezeichnet, doch von da an wurde es allmählich üblich, ihn auf den 13. Januar zu verlegen, was seit dem 18. Jahrhundert die Regel ist.

Knut kehrt Weihnachten aus

Wahrscheinlich gewann man mancherorts die Auffassung, das Weihnachtsfest dauere 20 Tage, während man an anderen Orten meinte, es ende nach dreizehn Tagen mit Epiphanias, *trettondagen*. In diesem Fall wäre der ursprüngliche Knuts-Tag ein besonderer Tag als erster Werktag nach dem Fest. Der Spruch "Knut kehrt Weihnachten aus" (*Knut kör julen ut*) ist also in dieser Tradition zu Hause und hatte in älterer Zeit eben diesen Inhalt. Die andere Variante des Satzes "Am 20. Tag kehrt Knut Weihnachten aus" (*Tjugondag Knut kör julen ut*) ist jünger und erst seit dem 18. Jahrhundert bekannt. Es ist denkbar, dass der St. Knut-Tag am 13. Januar eine Art Vermischung beider Auffassungen vom Ende der Weihnachtszeit ist und gemäß der eher nordschwedischen Ansicht von einem 20 Tage dauernden Fest in den Kalendern festgeschrieben wurde.

St. Knut-Tag

St. Knut-Tag

Knut – auf schwedische Weise

Die älteste Schilderung der schwedischen Art, den St. Knut-Tag zu feiern, finden wir bei Olof Rudbeck dem Älteren, der in *Atlantica* (1679–1702) einen „Gastmahlskrieg" beschreibt, bei dem man die Gäste symbolisch hinauswirft. Ansonsten kann man von den schwedischen Traditionen bezüglich des St. Knut-Tages nicht behaupten, dass sie besonders alt seien. Die meisten sind regional und weisen meist Parallelen zu dem auf, was bei anderen Feierlichkeiten auch üblich ist.

Der am weitesten verbreitete Brauch besteht darin, sich als „Knutsgreis" zu verkleiden. In einigen Städten ist es noch immer so, dass geschminkte und verkleidete Kinder herumlaufen, an die Haustüren klopfen und darum bitten, „Weihnachten auszufegen".

Zu den Bräuchen des St. Knut-Tages gehört natürlich auch das Plündern des Weihnachtsbaumes. Mit dem Tannenbaum und seinem essbaren Schmuck kam auch der Plünderungsspaß während des 19. Jahrhunderts aus Deutschland nach Schweden. Der Ausdruck „Weihnachtsbaumplünderung" wurde erstmals in der Zeitung „Husmodern" 1922 abgedruckt. Es war eben dieser Typ der Familienwochenzeitung, der die neueren Formen der schwedischen Weihnachtsfeiern mitgeprägt hat.

Betrachten wir zum Schluss die höheren Gesellschaftsschichten, dann liegt es nahe, auf die Knutsbälle zu verweisen, ein gesellschaftliches Vergnügen, dass nach wie vor in den südschwedischen Städten blüht, wo es seit dem Mittelalter Knutsgilden gegeben hat und immer noch gibt.

Am 13. Januar „werfen wir Weihnachten hinaus", gern gemeinsam mit den Kindern, die nun den Weihnachtsbaum „plündern" dürfen. Ein kleines Fest, den Tannenbaum hinauszuwerfen und eine Tüte Naschzeug wieder mit nach Hause zu nehmen.

Tag aller Herzen – Valentinstag

Alla hjärtans dag

14. Februar

In der Mitte der 1980er-Jahre schlug ein neuer „Namenstag" in Schweden ein, wenn auch nicht mit Blitz und Donner, so doch mit Blumensträußen und romantischen Karten, mit herzverziertem Gebäck und herzförmigen Schachteln, gefüllt mit Geleeherzen – der Valentinstag. Schon in den 1960er-Jahren haben pfiffige Geschäftsinhaber so allmählich versucht, den angelsächsischen Valentinstag als einen schwedischen „Tag aller Herzen" zu lancieren. Aber zu diesem Zeitpunkt war es nicht sehr populär, schwedischen Herzen amerikanisches Tamtam hinzuzufügen. Zu Beginn der 1980er-Jahre gelang es dann aber in jedem Fall den Blumenhändlern, ihren weiblichen Kundenkreis dafür zu interessieren, den Freundinnen mit Blumenarrangements in herzförmigen kleinen Porzellanschalen aufzuwarten. Und dann rollte dies schnell weiter, so dass verschiedene Geschenkbranchen am 14. Februar nunmehr einen angenehmen Höhepunkt ihrer Verkaufskurven aufweisen.

Als die 1990er-Jahre anbrachen, tat der Tag aller Herzen indessen einen unerwarteten Sprung in ein ganz neues Milieu, nämlich in die Schulen, in denen es ungemein populär wurde, mit Hilfe von Blumen zu zeigen, wen man gern hatte. Ging es um „Freundschaft", so zeigte man sie gewöhnlich mit einer Nelke, während eine Rose die passionierteren Bezie-

Tag aller Herzen – Valentinstag

hungen symbolisierte. In bestimmten Schulen wählten die Schüler zwischen drei verschiedenen Rosen, die sie einander schickten: Gelb stand für Freundschaft, Rosa für Flirt und Rot für die Liebe. Aber wie hat dies einmal begonnen? Definitiv nicht in den USA, wie die meisten glauben, sondern in der klassischen Antike.

Bischof Valentin

Valentin war ein Bischof in der Stadt Terni nördlich von Rom. Er soll das Zeitliche mitten auf der Via Flamina gesegnet haben, der großen Landstraße, die hinaus aus der Weltstadt nach Norden führte. Dort wurde er laut der offiziellen Heiligenlegende während der kurzen Regierungszeit Kaiser Claudius Gothicus um das Jahr 270 zunächst mit Stöcken und Knüppeln von einem heidnischen Mob zusammengeschlagen und schließlich erhängt. Warum dieses grausame und doppelte Unglücksschicksal? Er soll das Volk mit seinen erfolgreichen Christianisierungsbemühungen gereizt haben. Unter anderem hat er, nachdem er seines Glaubens wegen ins Gefängnis geworfen worden war, so großartig gepredigt, dass er seine Bewacher zur neuen Lehre bekehrte und sie veranlasste, alle eingesperrten Christen freizulassen. Er überzeugte sie auch, ihre Familien taufen zu lassen. Außerdem soll Valentin allerlei Wunder getan haben. So soll er z.B. einer blinden, christlichen Prinzessin das Augenlicht wiedergegeben haben – ja, heidnische Mobs konnten schon für weniger mörderisch werden.

Aber es gibt auch noch eine andere Legende. Sie gibt an, dass Valentin den Kaiser selbst provoziert habe, indem er dessen Versuche der Zwangsrekrutierung junger, unverheirateter Männer als Knechte für einen Kriegszug sabotiert hat. Die Jünglinge wollten lieber ihre Liebsten liebkosen als in den Krieg zu ziehen. So verlobten und verheirateten sie sich mit einer solchen Energie, dass es bald kaum noch einen unverheirateten Soldatenanwärter in Rom gab. Da verbot der Kaiser alle Hochzeiten. Der gute Bischof Valentin vollzog nichtsdestoweniger Massentrauungen junger Paare in aller Heimlichkeit,

Tag aller Herzen – Valentinstag

bis Claudius davon erfuhr und ihn ins Gefängnis werfen ließ, wo er am 14. Februar starb. Diese Version ist sicherlich erst sehr spät als Erklärung dafür entstanden, dass der Valentinstag unseres Kalenders der Tag ist, an dem man den Geliebten Geschenke macht. Sie verwandelt Valentin selbst zum speziellen Schutzheiligen aller Verliebten. Ganz bestimmt brauchen sie einen solchen!

Liebeslotterie

Doch eigentlich bedarf es gar keiner Legende. Tatsächlich ist es nämlich ziemlich sicher, dass sich eine bedeutend ältere römische Tradition hinter dem Tag aller Herzen verbirgt. Der 15. Februar war im alten Rom das Datum eines merkwürdigen Festes, das man die Lupercalien nannte. Es wurde von Alten und Jungen auf verschiedene Arten begangen; hier begnügen wir uns mit der jugendlichen Variante.

Es heißt, die römischen Jünglinge hätten während der Lupercalien um die schönsten Jungfrauen der Stadt gelost, indem sie kleine Zettel, auf denen diese ihre Namen geschrieben hatten, aus einer Schachtel zogen. Dieses Verhalten hat zweifellos große Ähnlichkeit mit dem sehr viel späteren englischen Brauch, am Valentinstag die Namenszettel der Jungen und Mädchen in je einen Krug zu legen und dann abwechselnd einen männlichen und einen weiblichen zu ziehen. So wurden die jungen Männer und Frauen durch Lose als „Valentines" für die Saison oder auch länger einander zugeteilt.

In Schweden ist dieser Brauch niemals vorgekommen, obwohl es einige Reminiszenzen in Schonen gibt. Das Feiern des Valentinstages kann wohl eine angelsächsische Version des oben beschriebenen kontinentalen Jugendspaßes sein, der auf die Lupercalien zurückgeht.

Bereits der englische Dichter Geoffrey Chaucer, der im 14. Jahrhundert wirksam war, schrieb, dass am Valentinstag die Vögel ihre Weibchen für den Sommer wählen, eine Äußerung, die nicht zuletzt die Zeichner von Valentinskarten im 19. und 20. Jahrhundert inspiriert hat: Es wimmelt nur so von küssenden Buchfinken im merkwürdigen Valentinsmuseum von York.

1870 wurden 1 Million Valentinskarten in England verschickt. Der Valentinstag erreichte Schweden jedoch erst nach dem Ersten Weltkrieg.

Tag aller Herzen – Valentinstag

Gesunkenes Kulturgut

Aber es gibt noch eine andere Möglichkeit: Das Feiern des Valentinstages kann auch sogenanntes gesunkenes Kulturgut sein, d. h. ein Brauchtum, das von der Oberklasse der Gesellschaft zum Volksbrauchtum „herabgesunken" ist. Ein Beweis für ein anspruchsvolleres Feiern dieses Tages sind die Valentinsballaden Herzog Charles von Orléans an seine Frau und an andere schöne Hofdamen des 15. Jahrhunderts. Damit nähern wir uns jener Kultur, die gerade den Flirt mit der „Dame des Herzens" in den Mittelpunkt stellt. Ich meine natürlich die französische höfische Liebe des Mittelalters, begleitet von sehnsüchtigen Troubadouren.

Wie auch immer es begann, so war doch das Feiern des Valentinstages eine verbreitete aristokratische und bürgerliche Sitte im England des 17. und 18. Jahrhunderts. Während des 19. Jahrhunderts wurde sie volkstümlicher, und die Grußkarten, die am Valentinstag verschickt wurden, können als Vorgänger der Weihnachtspostkarte verstanden werden. 1820 verteilte die britische Post am 14. Februar 20 000 Postsendungen mehr als sonst. 50 Jahre später erreichte die Zahl beinahe eine Million. Schon bald war der Brauch auch in den USA üblich, und im Grunde ist es eigentümlich, dass wir ihm im Norden noch bis nach dem Zweiten Weltkrieg entgehen konnten. Doch jetzt können Geschenke und Grüße zum Valentinstag als ein neuhinzugekommener, aus der angelsächsischen Tradition übernommener Festbrauch betrachtet werden - zur Freude der Papier- und Blumenhändler, der Präsentgeschäfte und der Post.

Aber ist der „Tag aller Herzen" wirklich ein Tag zur Freude und Erbauung aller Herzen? Nein, ganz sicher nicht. Nicht zuletzt im Umgang der Schüler mit den Valentinsbräuchen wird deutlich, dass der Valentinstag nicht nur ein Freudentag für die Auserwählten ist, die Blumen und Geleeherzen bekommen. Er hält auch Augenblicke des verletzten Selbstwertgefühls und der Enttäuschung für diejenigen bereit, die außen vor bleiben. In dieser Hinsicht unterscheiden sich die alten traditionellen Feste, die alle einschließen, von den neuen, die nur zur Freude der Erfolgreichen und Wertgeschätzten gereichen.

Neue Schweden – neue Feste

Das Schweden der 1930er-Jahre wird gern als eine der homogensten Nationen Europas beschrieben – ethnisch, sprachlich, religiös und kulturell. Die Tatsache, dass während der letzten tausend Jahre eine Woge von Einwanderern nach der anderen ins Land gespült wurde und im Norden auf eine Ursprungsbevölkerung traf, änderte an diesem Idealbild nichts. Vor allem auf religiösem Gebiet war dieser Konformismus lange Zeit absolut. Juden konnten allein durch die Taufe zu schwedischen Staatsbürgern werden, die Schamanentrommeln der Samen wurden eingesammelt und zerstört. Während des 20. Jahrhunderts wurde die „Reinrassigkeit" wichtig, an den Universitäten zum Beispiel wehrte man sich dagegen, dass vom Nationalsozialismus verfolgte deutsch-jüdische Ärzte einen Zufluchtsort in Schweden fanden.

Während der zweiten Hälfte des 20. Jahrhunderts hat sich diese Einstellung – mit Ausnahme die einiger Dummköpfe – völlig verändert. Als Symbol dafür, dass Vielfalt die Einfalt ersetzt hat, sind die Moscheen zu nennen, in denen sich nun Muslime zu Gebeten und Koranschulungen versammeln – angehörige einer Religion, die nach dem Christentum in Schweden am meisten verbreitet ist. Früher einmal waren es deutsche Immigranten, die den Schweden Festbräuche wie den Maibaum, das Walpurgisfeuer, Lucia und den Weihnachtsmann gaben. Nach dem Zweiten Weltkrieg bereicherte uns unter gefälliger Mitwirkung der Massenmedien die angelsächsische Festkultur etwa mit Halloween und dem Valentinstag. Wie groß wird nun aber die Akzeptanz sein, wenn es um jene Fe-

Neue Schweden – neue Feste

ste geht, die die heutigen Einwanderer in ihrem Kulturgepäck mit nach Schweden bringen? Noch müssen sie sich mit dem Regelwerk abfinden, das der schwedische Kalender darbietet, doch es sind bereits einige „exotische" Feiertage und Feste in unseren Taschenkalender eingeführt worden, wenngleich nicht mit roter Farbe.

Die meisten ethnischen Schweden wissen nichts über die Festzyklen ihrer neuen Nachbarn, und so dürfte es einen allgemeinbildenden Effekt haben, einige der wichtigsten zu nennen.

Der Islam

Der Festkalender des Islam gründet auf dem Mondjahr, und wie die meisten wissen, stimmt dieses mit dem Sonnenjahr nur schwer überein. Ein vom Mond bestimmter Zeitpunkt verschiebt sich jedes Jahr um elf Tage. Die erste Tradition des muslimischen Kalenders, mit der die Schweden eine massenmediale Bekanntschaft schließen konnten, war der Festmonat Ramadan, dem die Presse im Jahr 2005 intensive Aufmerksamkeit schenkte. Gleichzeitig erkannte der Einzelhandel das Verkaufspotential, das Eid-il-fitr erbot, jenes große dreitägige Fest am Ende des Ramadan. Jetzt, einige Jahre später, erweisen sich die muslimischen Feste, die zumeist mit einer großen Menge leckeren Essens gefeiert werden, als ein Zuwachs, der von den umgesetzten Milliarden her schon bald mit dem westlichen Weihnachtsverkauf konkurrieren kann. Ramadan wird von den Muslimen als der heiligste Monat betrachtet und zur Erinnerung an den Propheten Muhammed gefeiert, der die Offenbarungen Gottes entgegennahm, die der Koran, die muslimische Entsprechung der christlichen Bibel, werden sollten. Während des Ramadan darf der Rechtgläubige von Sonnenaufgang bis Sonnenuntergang weder essen noch trinken oder rauchen, er darf auch keine körperliche Liebe ausüben. Doch sehen die

Neue Schweden – neue Feste

Regeln Ausnahmen für Kinder, Kranke und Alte vor, auch gibt es besondere Vorschriften, wie man sich auf Reisen zu verhalten hat.

Ein anderes großes muslimisches Fest ist Id-al-Adha, ein Opferfest, das in Erinnerung daran gefeiert wird, dass Abraham bereit war, seinen Sohn zu opfern, der dann durch göttliches Eingreifen auf dem Opfertisch durch ein Lamm ersetzt wurde. Folgerichtig serviert man als Hauptgericht des Festes Lammsteak.

Das Judentum

Auch der jüdische Kalender basiert auf dem Mondjahr mit zwölf Monaten von je 29 oder 30 Tagen. Da die großen Feste möglichst auch auf dieselbe Zeit des Sonnenjahres fallen sollen, hat man ein System mit Zusatzmonaten erdacht.

Passah oder Pessach, das Fest des ungesäuerten Brotes, wird zur Erinnerung an den Auszug aus Ägypten gefeiert, der so überstürzt geschah, dass die Brotteige nicht mehr aufgehen konnten, bevor man aufbrach. Am Tag zuvor hatte man geschlachtet und das Passahlamm gegessen, dessen Blut man an die Türpfosten strich, damit der Todesengel an den jüdischen Häusern vorbeieilte (das Wort „passah" kommt vom Verb „pesach" mit der Bedeutung „passieren", „vorbeigehen"). Dass das Christentum dieses jüdische Fest erbte, beruht darauf, dass das einzige sichere Datum in Jesu Leben sein Tod während des jüdischen Passahfestes ist. Aus diesem Grund ändert sich das Datum für das Osterfest (schwedisch „påsk") je nach Vollmond, ungefähr wie zur Zeit Jesu – eine merkwürdige Anomalie in unserem sonst so regelmäßigen Jahreslauf.

Das „Wochenfest" oder Schawuot wird so genannt, weil es die sieben Erntewochen nach dem Passahfest abschließt. Es fällt also auf den fünfzigsten Tag, worauf sich die griechische Bibelübersetzung bezog, als sie diesen Tag „pentekoste" taufte, also mit dem griechischen Wort für „fünfzig" benannte. Im Schwedischen wurde daraus „Pingst", im Deutschen „Pfingsten".

Neue Schweden – neue Feste

Auch das "Laubhüttenfest" oder Sukkot ist ein Erntefest, das an die Flucht aus Ägypten anknüpft und nach den einfachen Lagern, die man seinerzeit errichtete, benannt ist. Es wird in einer Woche des Herbstmonats Tishri gefeiert.

Andere jüdische Feste von etwas niedrigerem "Rang" sind das Weihefest Chanukka und das "Fest der Lose", Purim, das zur Erinnerung daran gefeiert wird, wie die Pläne Hamans zur Ausrottung der Juden in Persien von der jüdischen Königin Ester verhindert wurden. Diese beiden Feste sind ausgesprochene Freudenfeste, vor allem das wochenlange Chanukka, das ein Lichterfest in der Dezemberdunkelheit ist und mit zahlreichen festlichen Gerichten gefeiert wird.

Die Roma

Am 8. April 1971 beschlossen die Vereinten Nationen, dass die Roma, die man in Schweden auch Zigeuner nennt, als ethnische Minderheit anzuerkennen seien. In Schweden gab man ihnen diesen Status erst 1999. In den meisten Ländern – und Roma gibt es auf der ganzen Welt – begannen die Roma nun eben diesen 8. April als ihren Nationaltag zu feiern. Und so geschieht es heute auch in Schweden. Hier leben zahlreiche Roma, geschätzt etwa 8000, vor allem in Malmö und Umgebung, wo es auch ein Roma-Kulturzentrum gibt.

Das bekannteste Roma-Fest wird am 24. und 25. Mai in einem Ort an der Mittelmeerküste der Camargue, in Les-Saintes-Maries-de-la-Mer, gefeiert. Hier gibt es eine uralte Kirche, erbaut auf einem vorchristlichen Tempel, mit einem berühmten Bild der Heiligen Sara, für die Roma Sara-la-Kali, die Schwarze Sara. Dass der Name des Ortes Marien im Plural trägt, beruht auf einer alten Legende, wonach drei Marien aus dem Umfeld Jesu von den Juden zur Landesflucht gezwungen waren und an dieser Küste zusammen mit einer dunkelhäutigen ägyptischen Dienerin, Sara, landeten. Sie konnte als weise Frau Mirakel herbeiführen, was zu einer höchst apo-

Neue Schweden – neue Feste

kryphischen Heiligenverehrung führte. Zu ihrem Heiligenbild pilgern die Roma in großen Scharen aus verschiedenen Ländern, auch aus Schweden, und verehren es mit einem zweitägigen Fest. Manchmal erhält sie das Epitaph „Stammmutter der Roma", was historisch ebenso unangemessen ist wie der Titel „Zigeunerkönigin", den man auch gelegentlich nennt. Doch dies kann auf die Feststimmung im ganzen Ort keinen Schatten werfen.

In der Mitte des 19. Jahrhunderts hatte der Kult um die Schwarze Sara begonnen, sich zu seinen heutigen Proportionen zu entwickeln: Es werden Prozessionen veranstaltet und es wird dem Sarabildnis geopfert.